# 日本

# 中北部陸

玩-全-祕-笈

全新修訂版

**森津玉**

文 · 攝影

Part 2 人氣旅遊景點

前言

　　我記得在黑部峽谷網站
上看過一段文案：「也許大家已經去
過像東京、大阪、名古屋那樣日本現代化的
城市，或許也同樣遊歷過京都、奈良、鎌倉那般
具有歷史特色的古都，接下來也想體會日本的大自然景色
吧……。」

　　是的，如果你跟我一樣，也曾跟旅行團玩過北陸的合掌村、黑部立山等地，你就會
明白，五、六天的旅遊團根本滿足不了心中對當地深度旅遊的渴望。如果能留下來住一
晚不知道會有多好！沒錯，我實踐這個願望了，認真地跑了幾趟比較深入的旅遊，自己
規劃路線、比較哪一種票券（PASS）最適合使用，到哪裡玩什麼，坐什麼交通工具。

　　自己規劃的旅遊方式可以玩得很盡興，也能深入探討當地的風俗民情，享受在地的
美食和不可預知的快樂。雖然旅行途中偶爾覺得辛苦、偶爾踩到地雷，但享受每一段過
程，不就是旅行真正的意義嗎？

行前
準備

日本中部、北陸概覽圖

北陸新幹線

東海道新幹線

輪島
穴水
和倉溫泉
JR七尾線
冰見
新高岡
黑部宇奈月溫泉
糸魚川
富山地方鐵道
大糸線
信濃大町
篠ノ井線
長野
金澤
富山
宇奈月溫泉
黑部峽谷
小松
五箇山
飛驒古川
立山黑部
上高地
松本
加賀溫泉
白川鄉
高山
奧飛驒溫泉鄉
奈良井
蘆原溫泉
永平寺
福井縣立恐龍博物館
下呂
南木曾
福井
越前大野
妻籠
馬籠
北陸本線
高山本線
中津川
敦賀
中央本線
米原
岐阜
京都
彥根
名古屋
新大阪
大阪

湯田中

長野

草津溫泉

伊香保溫泉

高崎

輕井澤

上州富岡

大宮

中央本線

東京

F.R.AE

山と水と飛驒の酒

# 搭JR鐵道旅行的優惠套票

　　自 2015 年「北陸新幹線」開通後,暢遊北陸不再局限由名古屋進出才方便的想法,從東京到金澤,搭乘北陸新幹線只要 2 小時 28 分鐘,途中經過的人氣景點有「輕井澤、草津溫泉、善光寺」。從名古屋出發,有名古屋到松本的 JR 中央本線,途中經過的人氣景點有「妻籠、馬籠、奈良宿」,若經由岐阜走 JR 高山本線到富山,途中經過的人氣景點有「下呂溫泉、高山、飛驒古川」。從大阪、京都出發,走 JR 東海道本線到敦賀接 JR 北陸本線,途中經過的人氣景點有「福井、東尋坊、金澤」,廣泛地運用 JR 路線,幾乎可繞完一圈玩遍中部、北陸各大知名景點。

　　若想延伸到想到「合掌村、上高地」等備受保護的觀光地區,搭乘主要行駛於飛驒高山區域的濃飛高速巴士,途中經過的景點有「高山、白川鄉、乘鞍、上高地、奧飛驒溫泉鄉」。遊玩立山‧黑部,可直接在出發地購買立山黑部優惠套票或立山黑部加購票。

　　以上,不管是 JR 電車或是高速巴士,大多會隨季節推出不同路線的優惠套票(PASS),雖然各有優惠,但多少有些限制存在,應該是先決定要去哪些地方,全盤計算過交通費用後,再來尋找有沒有合適的 PASS 來完成旅行,或者就依 PASS 路線來安排行程。若能妥善運用優惠套票來規劃自己的北陸玩樂行程,必定能夠省下昂貴的交通費用,在旅遊途中好好犒賞自己,吃一頓豐富的日本料理。

## 網路預約 JR 指定席

一般來說，我們外國人到日本使用 JR PASS 都是直接到 JR 窗口劃位，但如果遇到熱門時段想搭的車次全部滿席，搶自由座又沒什麼把握，是可以利用網路先預定車班，畢竟 JR 的指定席在開車前 1 個月就開始發售，只要上 JR 東日本的えきねっと（eki-net）即可於網路訂位，但多少有點限制，如需輸入信用卡號。可自行指定取票日期與取票地點，拿著 JR PASS 去取票即可，若沒能去取票則會直接從信用卡扣繳手續費，想先預約 JR 指定席的朋友可要好好研究囉！

◆ 網站：えきねっと（eki-net）：www.eki-net.com/top/index.html

## 外國人限定的旅行首選：
## 日本鐵路通票（JAPAN RAIL PASS）

日本鐵道集團所發行的「日本鐵路通票 JAPAN RAIL PASS」在日本國內是無法購買的。為了讓旅遊更加順利，建議出發前，向自己居住地的代理票券旅行社購買「Exchange Order」（換票證）會比較保險。只要是護照上貼有「短期逗留」的入境資格、並以觀光為目的來訪的外國遊客，都能在入境日本後到 JR 各大車站兌換及使用實體票券，這張票可說是外國遊客旅行日本最便利的優惠票券。除了中部北陸地區，若想利用 JR 鐵道暢遊日本其他地區，購買全國性的日本鐵路通票是最划算的，只要持 JAPAN RAIL PASS 即可在有效期限內，不限次數搭乘日本國營交通工具「JR 系統」全日本的新幹線都可以搭乘，當然也包括北陸新幹線和最新的北海道新幹線了。

◆ 網站：www.japanrailpass.net/zh
◆ 鐵道公司：由 JR 集團六家公司共同提供的通票。
◆ 使用資格：僅限外國護照上有「短期逗留」的外籍旅客可購買及使用，換票時會檢查護照。

◆ 種類和價格：日本鐵路通票分為綠色車廂（Green Car）和普通車廂（Ordinary Car）兩種。這兩種通票又分為 7 日期間、14 日期間和 21 日期間三種選項。

| 種類 | 綠色車廂用 | | 普通車廂用 | |
|---|---|---|---|---|
| 區分 | 成人 | 兒童 | 成人 | 兒童 |
| 7 日期間 | 38,880 日元 | 19,440 日元 | 29,110 日元 | 14,550 日元 |
| 14 日期間 | 62,950 日元 | 31,470 日元 | 46,390 日元 | 23,190 日元 |
| 21 日期間 | 81,870 日元 | 40,930 日元 | 59,350 日元 | 29,670 日元 |

※ 官網登載的費用為 2017 年 5 月當月的價格。

◆ 適用範圍：

· 鐵路：JR 集團全線及新幹線、特急列車、急行列車、快速列車、普通列車。
· 巴士：JR 巴士公司的各地方路線，JR 北海道巴士、JR 巴士東北、JR 巴士關東、JR 東海巴士、西日本 JR 巴士、中國 JR 巴士、JR 四國巴士、JR 九州巴士。
· 渡輪：JR 西日本宮島渡輪「宮島～宮島口」。

※ 以上交通資訊有可能異動，購票前請再次確認日本官網！

**JAPAN RAIL PASS 七日券北陸行程規劃**

- **Day1** 東京→高崎→草津（宿）
- **Day2** 草津→輕井澤→長野（宿）
- **Day3** 長野→松本→信濃大町（宿）
- **Day4** 黑部→立山→宇奈月溫泉（宿）
　　　　※ 可購買立山黑部套票
- **Day5** 宇奈月溫泉→富山→金澤（宿）
- **Day6** 金澤→福井→京都（宿）
- **Day7** 京都→名古屋→東京

## 可以省下昂貴交通費：
## 青春 18 旅遊通票（青春 18 きっぷ）

青春 18 車票是一款超值的季節性限定車票，一年只有三次販賣期間（春夏冬）。可任意選擇 5 天使用，不限次數免費乘坐由南到北（九州到北海道）縱貫整個日本的 JR 全線普通及快速列車（包含新快速、通勤快速、特別快速）普通車廂自由席。雖然不能用在新幹線和特快列車，但對想要節

省交通費的遊客來說，絕對是物超所值。一張青春 18 車票可選擇 1 個人 5 日遊，也可選擇 5 個人 1 日遊，由於票價低廉使用方法靈活自由，搭乘距離越遠越划算，每日可使用到當天晚上 12 點為止，只要一天搭車的費用有超過 2,370 日元就算賺到了！

◆ 網站：www.jreast.co.jp/tc/pass/seishun18.html

◆ 鐵道公司：JR 東日本。

◆ 票價：11,850 日元（任何年齡，均一票價）。

◆ 使用期間：1 人 1 次使用 1 格，可不連續 5 日。

◆ 車票銷售期、使用期：（每年有可能異動）

| 期間 | 銷售期 | 使用期 |
|---|---|---|
| 春 | 2 月 20 日～3 月 31 日 | 3 月 1 日～4 月 10 日 |
| 夏 | 7 月 1 日～8 月 31 日 | 7 月 20 日～9 月 10 日 |
| 冬 | 12 月 1 日～12 月 31 日 | 12 月 10 日～1 月 10 日 |

◆ 購票地點：全日本 JR 售票處或旅遊服務中心購買。

◆ 使用區間：無限次數搭乘 5 天日本全國範圍內的 JR 路線（包括巴士、電車和宮島渡輪），含普通及快速，僅限普通車廂自由座席，但不能用於新幹線、特快列車、快速列車和臥鋪車廂。

◆ 使用方法：使用初日請先讓票務人員在車票上加蓋日期章，之後每次進出車站要走人工閘口驗票，不能放入自動檢票機。

◆ 建議事項：善用「乘換案內」APP 或 JR 時刻表，更能靈活運用青春 18 車票。

※ 以上交通資訊有可能異動，購票前請再次確認日本官網！

### 青春 18 車票北陸行程規劃

- **Day1** 名古屋→南木曾（妻籠）→松本（宿）
- **Day2** 松本→長野→富山（宿）
- **Day3** 富山→冰見→高岡→金澤（宿）
- **Day4** 金澤一日遊（宿）※ 可購買金澤巴士 1 日券
- **Day5** 金澤→福井→彥根→京都（宿）
- **Day6** 京都→名古屋

# 從東京、大阪出發：
# 北陸拱型鐵路周遊券（Hokuriku Arch PASS）

　　想要搭乘北陸新幹線暢遊北陸，全國版的 JAPAN RAIL PASS 不再是唯一選擇，2016 年 4 月 1 日起，由 JR 東日本與 JR 西日本聯手推出的新票券：「北陸拱型鐵路周遊券」可連續 7 天不限次數搭乘成田、羽田機場～東京都區內～富山、金澤、福井～大阪地區內～關西機場的特快列車（含新幹線）、急行列車、普通列車的普通車廂指定座席（特急「HARUKA」為普通車廂自由座席）。一張票就可以輕鬆暢遊東京、北陸、大阪三個地區，從東京搭北陸新幹線到金澤，再從金澤再搭特急雷鳥號到京都或大阪，等於將東京成田、羽田機場與關西機場串連起來，遊玩北陸更方便了。

◆ 網站：www.westjr.co.jp/global/tc
◆ 鐵道公司：JR 東日本、JR 西日本。
◆ 票價：大人 24,000 日元、兒童 12,000 日元（6 ～ 11 歲）。
◆ 使用期間：連續 7 日。
◆ 購票地點：日本海外可預先購買兌換券，在日本國內購買票價 25,000 日元。
◆ 使用資格：僅限外國護照上有「短期逗留」的外籍旅客可購買及使用，換票時會檢查護照。
◆ JR 東日本兌換地點：

　・JR EAST Travel Service Center ／ JR 東日本旅行服務中心：成田機場第一候機樓、成田機場第二 ・ 第三候機樓、羽田機場國際線大樓站（東京單軌電車）、東京車站、新宿車站。
　・成田空港站、空港第二大樓站的 JR 售票處（みどりの窗口）。
　・品川站、涉谷站、池袋站、上野站、橫濱站、長野站的 View Plaza 旅行服務中心。

◆ JR 東日本購票地點：

【東日本地區】
　・JR 東日本旅行服務中心、成田機場第一候機樓站、成田機場第二 ・ 第三候機樓站、東京單軌電車羽田機場國際線大樓站、東京站、新宿站。
　・成田機場第一候機樓站、成田機場第二 ・ 第三候機樓站的各車站。
　・品川站、涉谷站、池袋站（西口）、上野站、橫濱站、長野站的 View Plaza 旅行服務中心。

【西日本地區】
　・關西機場站、大阪站、新大阪站、京都站、金澤站、富山站的各車站。

◆ 使用區間：在使用期限內，不限次數搭乘以下路線的特快列車（包括新幹線在內）、急行列車和普通列車（包括快速列車在內）的普通車廂指定座席和自由座席：

- 成田、羽田機場～東京都區內～北陸地區～大阪地區內～關西機場。
- 關西機場至新大阪～京都車站之間的特急「HARUKA」自由席列車。
- 〔東京～金澤〕之間的北陸新幹線、〔大阪～金澤〕之間的特快列車「雷鳥號THUNDERBIRD」。
- 可使用範圍內自由搭乘特快列車「成田特快 N'EX」。
- 「浜松町」至羽田機場第二航廈之間的「東京單軌電車」。
- 東京都區內的 JR 線、京阪神地區的 JR 線（大阪、京都、神戶、奈良）。
- 越美北線、七尾線、冰見線、城端線、高山本線〔富山～豬谷〕、大糸線〔糸魚川～南小谷〕。
- 包括北陸地方私鐵：IR 石川鐵道、AINOKAZE 富山鐵道、能登鐵道。

※ 以上交通資訊有可能異動，購票前請再次確認日本官網！

## 北陸拱型鐵路周遊券行程規劃

從東京進入
- ■ *Day1* 東京→高崎→草津溫泉（宿）
- ■ *Day2* 草津溫泉→輕井澤→金澤（宿）
- ■ *Day3* 金澤→和倉溫泉（宿）
- ■ *Day4* 和倉溫泉→冰見→福井（宿）
- ■ *Day5* 福井→京都（宿）
- ■ *Day6* 京都→神戶（宿）
- ■ *Day7* 神戶→大阪→關西空港

從關西進入
- ■ *Day1* 關西機場→神戶（宿）
- ■ *Day2* 神戶→京都→奈良（宿）
- ■ *Day3* 奈良→敦賀→金澤（宿）
- ■ *Day4* 金澤→富山→宇奈月溫泉（宿）
- ■ *Day5* 宇奈月溫泉→黑部峽谷鐵道→長野（宿）
- ■ *Day6* 長野→地獄谷野猿公苑→輕井澤（宿）
- ■ *Day7* 輕井澤→草津溫泉→東京

## 從名古屋出發,前往立山黑部阿爾卑斯路線:
## 阿爾卑斯、高山、松本周遊劵(Alpine-Takayama- Matsumoto Area Tourist PASS)

◆ 網站:touristpass.jp/zh-tw/takayama_hokuriku
◆ 鐵道公司:JR 東海。
◆ 票價:17,500 日元、兒童 8,750 日元(6～11歲)。
◆ 銷售期間:4月1日～11月9日為止。
◆ 使用期間:連續 5 日
◆ 購票地點:無法在日本國內購買,出
　發到日本前,先至居住地的代理旅行
　社購買兌換劵。
◆ 使用區間:

・〔名古屋～下呂～高山～富山〕區
　間、〔信濃大町～松本~名古屋〕
　區間的 JR 在來線,可不限次數自
　由搭乘(除了 Home liner 列車);
　立山黑部阿爾卑斯路線內〔富山～
　立山~室堂~大觀峰~黑部大
　壩~信濃大町〕之間的各項交通
　方式也可不限次數自由搭乘!
・阿爾卑斯路線中,可觀賞雪之大谷
　的期間(4~6月)人潮擁擠,此
　路線需預留等候時間,立山站出發
　的斜面電車不需預約即可搭乘。
※ 以上交通資訊有可能異動,購票前請再次
　確認日本官網!

### 阿爾卑斯、高山、松本周遊劵行程規劃

- **Day1** 名古屋→奈良井→松本(宿)
- **Day2** 松本→信濃大町→室堂(宿)
- **Day3** 室堂→黑部大壩→富山(宿)
- **Day4** 富山→富山市區→飛驒古川→高山(宿)
- **Day5** 高山→下呂→名古屋(宿)

# 從大阪、名古屋出發：
# 高山、北陸地區周遊券（Takayama-Hokuriku Area Tourist PASS）

◆ 網站：touristpass.jp/zh-tw/takayama_hokuriku

◆ 鐵道公司：JR 東海、JR 西日本。

◆ 票價：13,500 日元、兒童 6,750 日元（6～11 歲）。

◆ 使用期間：連續 5 日。

◆ 購票地點：無法在日本國內購買，出發到日本前，先至居住地的代理旅行社購買兌換券，兌換時需指定使用日。

◆ 使用區間：JR 在來線〔名古屋～下呂～高山～富山〕之間，〔關西機場～大阪市內～京都～加賀溫泉～金澤〕之間。

· 名古屋～富山區間（經由東海道、高山線）、金澤～大阪區間（經由北陸、湖西、東海道線），可搭乘 JR 特急普通車廂指定席 4 次：特急 Wide View 飛驒、特急雷鳥號，搭乘前必須先劃位。

· 金澤～富山間的北陸新幹線，不限次數搭乘普通車廂自由席！（※ 無法搭乘指定席）

· 大阪市內～關西空港區間 ARUKA 自由席。（※ 無法搭乘指定席）

· 通往世界遺產白川鄉與五箇山的高速巴士：加越能巴士、濃飛巴士、北鐵巴士不限次數自由搭乘。高山～白川鄉有預約及不用預約的班次，需要預約的必須先去預約劃位。白川鄉～金澤都是預約班次，一定要先去預約劃位，客滿就無法上車。

◆ 建議事項：

· 除部分巴士外，請注意搭乘前請先自行向巴士公司電話預約（英文或日文）。

· 濃飛巴士預約中心：0577-32-1688（9:00～18:00），北陸鐵路預約中心：076-234-0123（9:00～18:00），或現場櫃檯預約。

※ 以上交通資訊有可能異動，購票前請再次確認日本官網！

## 高山、北陸地區周遊券行程規劃

■ *Day1* 大阪→金澤（宿）

■ *Day2* 金澤→五箇山→白川鄉（宿）

■ *Day3* 白川鄉→高山→富山（宿）

■ *Day4* 富山→冰見→高岡→金澤（宿）

■ *Day5* 金澤→京都→大阪（宿）

# 從大阪出發：
## 關西 & 北陸地區鐵路周遊券（Kansai-Hokuriku Area PASS）

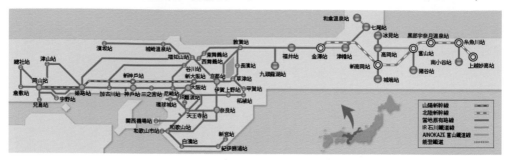

◆ 網站：www.westjr.co.jp/global/tc/travel-information/pass/kansai_hokuriku

◆ 鐵道公司：JR 西日本。

◆ 票價：15,000 日元、兒童 7,500 日元（6 ～ 11 歲）。

◆ 使用期間：連續 7 日。

◆ 購票地點：日本海外可預先購買兌換券，在日本國內購買票價 16,000 日元。

◆ 使用區間：可搭乘山陽新幹線〔新大阪～岡山〕、北陸新幹線〔金澤～上越妙高〕、超特
  急列車〔京都～上郡〕等自由席座位，以及 JR 西日本在來線的新快速、快速和普通列車。

  ・ 不能搭乘新大阪～京都區間的東海道新幹線。

  ・ 北陸新幹線「KAGAYAKI」所有座位均為對號座，無法搭乘。

◆ 搭乘冰見線、城端線、七尾線時，僅限於不在 IR 石川鐵道線〔金澤～津幡〕區間、
  AINOKAZE 富山鐵道線〔高岡～富山〕區間下車，直接經過的情況下，能夠特例搭乘。

  （※ 無法搭乘 IR 石川鐵道線、AINOKAZE 富山鐵道線）

◆ 兌換地點：富山、新高岡、金澤、小松、福井、敦賀、京都、新大阪、大阪、三之宮、關
  西機場、奈良、和歌山、豐岡、城崎溫泉、福知山、西舞鶴、東舞鶴、岡山。

※ 以上交通資訊有可能異動，購票前請再次確認日本官網！

## 關西 & 北陸地區鐵路周遊券行程規劃

■ **Day1** 大阪→姬路→倉敷→大阪（宿）
■ **Day2** 大阪→金澤（宿）
■ **Day3** 金澤→和倉溫泉（宿）
■ **Day4** 和倉溫泉→宇奈月溫泉（宿）
■ **Day5** 宇奈月溫泉→城崎溫泉（宿）
■ **Day6** 城崎溫泉→京都（宿）
■ **Day7** 京都→奈良→大阪

## 從小松機場、富山機場出發：
## 北陸地區鐵路周遊券（Hokuriku Area PASS）

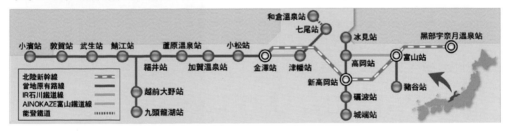

◆ 網站：www.westjr.co.jp/global/tc/travel-information/pass/hokuriku
◆ 鐵道公司：JR 西日本。
◆ 票價：5,000 日元。
◆ 使用期間：連續 4 日。
◆ 購票地點：日本海外可預先購買兌換券，在日本國內購買票價 5,500 日元。
◆ 使用區間：可搭乘北陸新幹線〔金澤～黑部宇奈月溫泉〕區間特急列車等自由席座位，以
　　及 JR 西日本在來線的快速和普通列車。
◆ 兌換地點：富山、新高岡、金澤、小松、福井、敦賀、京都、新大阪、大阪、關西機場。
※ 以上交通資訊有可能異動，購票前請再次確認日本官網！

## 從名古屋、京都、大阪出發，遊玩立山黑部必備：
## 立山黑部阿爾卑斯套票（立山黑部アルペンきっぷ）

◆ 網站：jr-central.co.jp/news/release/_pdf/000026018.pdf
◆ 鐵道公司：JR 東海、JR 西日本。
◆ 票價：從依出發的地不同，可選擇「經由北陸線・中央線」或「往返北陸線」的套票，電
　　車路線決定票價，主要選擇看個人旅途中還想加入那些城市遊玩而決定，想節省車資就選
　　擇走高山線或中央線，搭乘北陸新幹線相對票價也較高。
　　・飛驒路線ひだコース名古屋出發（經由高山線、中央線）18,610 日元。
　　・白鷺路線しらさぎコース名古屋出發（經由北陸線、中央線）21,850 日元。
　　・白鷺路線しらさぎコース京都出發（經由北陸線、中央線）25,750 日元。

- 大阪出發（經由北陸線、中央線）26,880 日元。
- 京都出發（往返北陸線）23,230 日元。
- 大阪出發（往返北陸線）24,260 日元。

◆ 使用期間：連續 8 日。
◆ 販售期間：每年 4 ～ 11 月。
◆ 購票地點：JR 主要車站。
◆ 使用區間：

- 名古屋出發（東海道、高山線）～富山～阿爾卑斯山脈路線～信濃大町（大糸、篠ノ井、中央線）～名古屋。
- 名古屋出發（東海道、北陸、北陸新幹線）～富山～阿爾卑斯山脈路線～信濃大町（大糸、篠ノ井、中央線）～名古屋。
- 京都或大阪出發（東海道、湖西、北陸、北陸新幹線）～富山～阿爾卑斯山脈路線～信濃大町（大糸、篠ノ井、中央線）～名古屋（東海道新幹線）～京都或大阪。
- 京都或大阪出發（東海道、湖西、北陸、北陸新幹線）～富山～阿爾卑斯山脈路線～信濃大町～（大糸線）糸魚川～（北陸新幹線、北陸、湖西、東海道線）～京都或大阪。

◆ 建議事項：

- 立山黑部遊覽路線內六種交通工具〔信濃大町～富山〕間單向乘坐，反方向也可，不能走回頭路，部分車程能中途下車的車站有：飛驒古川、富山、信濃大町、松本、中津川。
- 「經由北陸線、中央線」中央線中津川～洗馬間、大糸線信濃大町～松本間不可中途下車。
- 「往返北陸線」大糸線信濃大町～糸魚川間不可中途下車。
- 日本黃金週（4 月底至 5 月初）無法使用此套票。

※ 以上交通資訊有可能異動，購票前請再次確認日本官網！

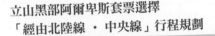

### 立山黑部阿爾卑斯套票選擇 「經由北陸線・中央線」行程規劃

- **Day1** 名古屋→中津川→馬籠→妻籠（宿）
- **Day2** 妻籠→中津川→松本（宿）
- **Day3** 松本→信濃大町→彌陀原／室堂（宿）
- **Day4** 室堂→黑部水壩→立山（宿）
- **Day5** 立山→宇奈月溫泉（宿）
- **Day6** 宇奈月溫泉→富山（宿）
- **Day7** 富山→金澤（宿）
- **Day8** 金澤→名古屋

# 針對外國遊客發售：
# 立山黑部加購票（Tateyama Kurobe Option Ticket）（One-way）

　　搭配「北陸拱型鐵路周遊券」本年度由 JR 東日本與 JR 西日本共同發行，為前往立山黑部阿爾卑斯山脈路線旅遊的外國遊客所推出，能以優惠價購買橫越阿爾卑斯山脈路線的超值單程票券，購買時需指定上山日期。

◆ 發售日期：每年為 4 月 16 日～ 11 月 9 日，只在立山 ·
　 黑部開放期發售與使用。

◆ 網站：www.jrtateyama.com/tc

◆ 鐵道公司：JR 東日本、JR 西日本。

◆ 票價：大人 9,000 日元，兒童 4,500 日元（6 ～ 11 歲）。

◆ 使用期間：連續 5 日。

◆ 使用資格：僅限外國護照上有「短期逗留」的外籍旅客可購買及使用，換票時會檢查護照。

◆ 購票地點：

### 【JR 東日本區域】

· JR 東日本 View Plaza 旅行服務中心（東京、新宿、羽田機場、成田機場第一候機樓、成田機場第二 · 第三候機樓）。

· 成田機場第一候機樓站、成田機場第二 · 第三候機樓。

· 長野站 View Plaza 旅行服務中心。

### 【JR 西日本區域】

· 大阪站、新大阪站、京都站、金澤站、富山站。

◆ 使用區間：單人限購一張加購票，為「JR 長野→立山 · 黑部阿爾卑斯山脈路線→電鐵富山」或是「電鐵富山→立山黑部阿爾卑斯山脈路線→ JR 長野站」單方向有效票。（※ 不可來回使用或中途折返）

· 僅使用 JR 信濃大町站～扇澤站之間的旅客須搭乘巴士，無法使用特快巴士。

· 無法搭乘室堂～立山車站間的 E-SORA（立山全景巴士）。

· 搭乘富山地方鐵道（立山～電鐵富山站）的特急列車時，需額外支付特急費用 210 日元。

※ 以上交通資訊有可能異動，購票前請再次確認日本官網！

## 從名古屋出發：世界遺產白川鄉・五箇山自由票（世界遺產白川鄉・五箇山フリーきっぷ）

- ◆ 網站：railway.jr-central.co.jp/tickets/sekaiisan2/index.html
- ◆ 鐵道公司：JR 東海。
- ◆ 票價：14,500 日元（兒童半價）。
- ◆ 使用期間：連續 3 日。
- ◆ 購票地點：JR 東海主要車站。
- ◆ 使用區間：可搭乘高山本線的特急「ワイドビューひだ號」，北陸本線的特急「しらさぎ號」普通車指定席一次利用。

**世界遺產白川鄉・五箇山自由票行程規劃**

- ■ *Day1* 名古屋→高山→白川鄉（宿）
- ■ *Day2* 白川鄉→五箇山（相倉、管沼）→金澤（宿）
- ■ *Day3* 金澤→富山→名古屋

- ◆ 特別優惠：五箇山的部份合掌屋可免費參觀，與各展館的門票優惠。

※ 以上交通資訊有可能異動，購票前請再次確認日本官網！

## 從名古屋出發：木曾路自由票（木曽路フリーきっぷ）

- ◆ 網站：railway.jr-central.co.jp/tickets/kisoji/
- ◆ 鐵道公司：JR 東海。
- ◆ 票價：依不同城市出發票價不同，從名古屋市內發車 1 人 9,320 日元，最多能 4 人共同使用，越多人分擔票價就越便宜。

**木曾路自由票行程規劃**

- ■ *Day1* 名古屋→中津川→馬籠（宿）
- ■ *Day2* 馬籠（一日健行）→妻籠（宿）
- ■ *Day3* 妻籠→奈良井→名古屋

- ◆ 使用期間：連續 3 日。
- ◆ 購票地點：JR 東海主要車站 。
- ◆ 使用區間：JR 中央本線〔名古屋～洗馬〕區間電車。可以選擇從不同的城市出發（例如名古屋市內、岐阜、四日市等）。
- ◆ 使用規定：（發車站）名古屋 ←→ 洗馬間 JR 特急「ワイドビューひだ號」來回票（可先劃位），以及中津川～洗馬間不限次數搭乘特急自由席和普通列車。
- ◆ 特別優惠：4 人共同使用，會贈送 4,000 日元的 Enjoy Ticket 和木曾路購物券 2,000 日元，以及 15 個觀光設施的入場券。使用同一組套票，上下車必須一起行動。

※ 以上交通資訊有可能異動，購票前請再次確認日本官網！

# 從名古屋出發：飛驒路自由票（飛驒路フリーきっぷ）

◆ 網站：railway.jr-central.co.jp/tickets/hida
◆ 鐵道公司：JR東海。
◆ 票價：依不同城市出發票價不同，有計程車和濃飛巴士兩種方案，從名古屋市內發車1人12,140日元，最多能4人共同使用，越多人分擔票價就越便宜。
◆ 使用期間：連續3日。
◆ 購票地點：JR東海主要車站。
◆ 使用區間：JR高山本線〔名古屋～飛驒古川〕區間電車。可以選擇從不同的城市出發（例如名古屋市內、岐阜、四日市等）。
◆ 使用規定：（發車站）名古屋～下呂或飛驒古川間JR特急「ワイドビューひだ號」來回票（可先劃位）；以及下呂～飛驒古川間，不限次數搭乘特急自由席和普通列車。
◆ 特別優惠：4人共同使用，❶計程車方案會贈送6,000日元的計程車費，❷濃飛巴士贈送來回票，可選擇白川鄉來回票或高山～新穗高溫泉間3日不限次數自由乘坐（平湯溫泉、福地溫泉等），以及觀光設施的折扣券。多人使用同一組套票，上下車必須一起行動。

※ 以上交通資訊有可能異動，購票前請再次確認日本官網！

## 飛驒路自由票行程規劃

■ **Day1** 名古屋→下呂→高山（宿）
■ **Day2** 高山→白川鄉→高山（宿）
■ **Day3** 高山→新穗高溫泉→名古屋

高速巴士是旅遊中部、北陸地區很便利的交通工具，像名鐵觀光巴士的「昇龍道高速巴士乘車券」就是結合中部北陸各大知名觀光景點的黃金路線，濃飛巴士的「阿爾卑斯山廣域套票」去白川鄉、上高地或新穗高都很划算，距離和搭車時間都不會太冗長，輕輕鬆鬆就能利用巴士玩透透了！

若想全程都搭高速巴士暢遊中部北陸，也不失為快速又方便的好方法，行李跟著一起上下車，免去提行李轉搭電車的臂力訓練，高速巴士上座位的舒適度還 OK，車資也比電車票價略低，如果只是單純購買一段高速巴士車票，是可以在巴士車站直接現場購票，來回票又比單程票價更便宜，只不過單買來回票限期 4 天以內，超過 4 天就只能以單程購買，比較適合短天數的自助旅行者。

加上近年來旅遊日本的觀光客大增，熱門景點總是人滿為患，常常聽到持「昇龍道高速巴士乘車券」卻無法預約到座位的窘境，尤其是白川鄉這條超熱門路線，在日本黃金週或連假日就的確不適用任何套票。如果真的煩惱害

怕買不到車票，也可在出發前先上網購票或預約車班，像濃飛巴士的購票網頁「J-bus」上的高速巴士車票，可提早 1 個月前訂票，但必須先加入會員，登錄的方法很簡單，只要輸入自己設定的密碼、中文名字翻譯的日文字、e-mail 及聯絡電話就可以了，但萬一臨時更改行程，也請記得上網去取消已預約車班喔！

**可上網預約的巴士網站：**

■ 全國高速巴士、夜行巴士預約網站：可選擇線上信用卡付款或巴士站售票窗口取票。

　www.highwaybus.com/rs-web01-prd-rel/gp/reservation/rsvRouteList

■ 濃飛巴士預約網站：列印預約番號，巴士站售票窗口取票。

　secure.j-bus.co.jp/hon

■ 岐阜巴士預約網站：付款有二種方式，便利商店取票和巴士站窗口取票。

　www.gifubus.co.jp/noriai/index.html

■ 名鐵巴士預約網站：最晚 30 分鐘前在巴士站售票窗口取票。

　www.meitetsu-bus.co.jp/express/index

■ 北陸鐵道預約網站：可使用信用卡付款，便利商店取票和巴士站窗口取票。

　www.hokutetsu.co.jp/highway-bus

■ JR 東海巴士預約網站：可使用信用卡付款，便利商店取票和巴士站窗口取票。

　www.jrtbinm.co.jp/highway/ticket/

**現場購票或打電話預約的巴士中心：**

■ 濃飛巴士預約中心（濃飛バス予約センター）OPEN: 09:00 ～ 18:00  TEL: 0577-32-1688
■ 岐阜巴士預約中心（岐阜バス予約センター）OPEN: 09:00 ～ 18:00  TEL: 058-240-0489
■ 北鐵巴士預約中心（北陸鉄道予約センター）OPEN: 09:00 ～ 18:00  TEL: 076-234-0123

接下來就列出一些旅遊中部、北陸地區最多人使用，也最便利的優惠票券，至於更地方性的票券就先省略了。

# 從名古屋、小松、金澤出發：昇龍道高速巴士乘車券
# （昇龍道高速バスきっぷ／SHORYUDO Highway Bus Ticket）

「昇龍道高速巴士乘車券」是將中部北陸地區九個縣串連起來有如一條舞龍，集結各大知名觀光景點的黃金路線，是名古屋鐵道公司（簡稱名鐵 MEITETSU）首次推出的高速巴士 PASS。

◆ 網站：www.mwt.co.jp/shoryudo/index.html

◆ 票價：分為 3 日券與廣域 5 日券兩種。3 日券 7,000 日元、廣域 5 日券 14,000 日元。

◆ 如何購票：出發前，可先上日本名鐵觀光的「昇龍道中文官方網站」線上訂票，填妥申請書並完成線上刷卡付款後，會收到預約申請完成的郵件，再將郵件附檔「昇龍道高速巴士通票交換票」列印出來，帶到日本中部國際機場或名鐵巴士中心售票窗口兌換實體車票。

◆ 使用範圍：名古屋～高山～白川鄉～金澤。
  ・一般 3 日券：名古屋、高山、白川鄉、富山的高速巴士，兩張機場來回票。
  ・廣域 5 日券：名古屋、高山、白川鄉、富山、高岡、平湯、下呂、新岡、新穗高、松本的高速巴士，機場交通來回票兩張。（※ 必須在有效期間內使用）

◆ 兌票、預約高速巴士車票地點和營業時間：
  ・名古屋：名古屋中部國際機場名鐵旅遊廣場（Meitetsu Travel Plaza）07:00 ～ 20:00
  ・名鐵巴士中心（Meitetsu Bus Center）06:40 ～ 23:10
  ・JR 東海巴士名古屋車站旅行中心（JR Tokai Bus Nagoya Station）06:00 ～ 23:30

- 高山：高山濃飛巴士中心（Takayama Nohi Bus Terminal）06:00 ～ 19:00
- 金澤：北鐵站前中心（Hokutetsu Station Center）07:00 ～ 20:00
- 白川鄉：白川鄉觀光案內（Shirakawa-go Tourist Information Center）08:30 ～ 17:30
- 松本：松本巴士轉運站（Matsumoto Bus Terminal）05:20 ～ 21:00
- 富山：富山地鐵售票中心（Toyama Chitetsu Ticket Center）07:00 ～ 19:00

◆ 一般 3 日券需預約路線：
- 名古屋～高山（名鐵巴士、濃飛巴士、JR 東海巴士）
- 高山～白川鄉～金澤（北陸鐵道巴士、濃飛巴士）

- 名古屋～白川鄉（歧阜巴士）

◆ 一般 3 日券不需預約路線：
- 高山～白川鄉（濃飛巴士）
- 金澤～富山（富山地鐵、北陸金澤巴士）

◆ 廣域 5 日券需預約路線：
- 名古屋～富山（名鐵巴士、富山地鐵）
- 名古屋～松本（名鐵巴士、ALPICO 交通）
- 富山～富山機場～平湯～新穗高（濃飛巴士、富山地鐵）※ 部分車班不需預約

◆ 廣域 5 日券不需預約路線：
- 高山～平湯～松本（濃飛巴士、ALPICO 交通）
- 高山～平湯～新穗高（濃飛巴士）

- 高山～下呂（濃飛巴士）
- 高山～神岡（濃飛巴士）
- 白川鄉～五箇山～高岡（加越能巴士）
- 新穗高～松本（濃飛巴士、ALPICO 交通）※ 不需預約，僅限特定日運行

◆ 建議事項：

- 根據官網資料，預約高速巴士的指定席時，不接受用網路或電話預約，只能在售票處窗口進行預約。從哪裡出發就要在出發站的服務窗口現場預約，如高山→名古屋就要在高山劃位，客滿時無法乘車，需乘坐下一班次或者隔天巴士，所以有預約不到（滿席）的風險，請在預定搭乘日前一個月上網預約座位。
- 非預約的車次約提早 20 ～ 30 分鐘前排隊即可，都會有加班車。
- 大部分能預約座席的路線都可在名鐵巴士中心和高山濃飛巴士中心換領，要預留辦理劃位的時間。
- 持「昇龍道高速巴士券」可享高山開往新宿、京都、大阪等地的巴士、新穗高空中纜車乘車券 8 ～ 9 折優惠。

◆ 網路上陸續有人通報「昇龍道高速巴士券」使用上的問題，整理如下：

- 名古屋無法直接到金澤，路線必須是：名古屋（岐阜巴士）→白川鄉（濃飛巴士、北鐵巴士）→金澤。或是名古屋（名鐵巴士、濃飛巴士）→高山（濃飛巴士、北鐵巴士）→白川鄉→金澤。解決辦法：一早從名古屋坐巴士到白川鄉，在白川鄉逗留 3 小時，然後坐車到金澤。
- 熱門的白川鄉點燈期（1 ～ 2 月），名古屋→白川鄉、名古屋→高山車位全滿無法預約，就連金澤→白川鄉也預約不到，因為金澤經白川往返高山的車都是要預約的，點燈期不太可能有剩的空位。

※ 以上交通資訊有可能異動，購票前請再次確認日本官網！

## 昇龍道高速巴士車票行程規劃

- **Day1** 中部國際空港→名古屋→白川鄉（宿）
- **Day2** 白川鄉→金澤（宿）
- **Day3** 金澤→富山（宿）
- **Day4** 富山→高山（宿）
- **Day5** 高山→名古屋→中部國際空港

# 從高山、松本出發：信州・飛驒阿爾卑斯山廣域套票（信州・飛驒ワイドフリーパスポート）

◆ 網站：www.alpico.co.jp/access/ticket/pdf/wide20140401.pdf
◆ 巴士公司：濃飛巴士、ALPICO 交通公司。
◆ 票價：大人票 10,290 日元（12 月～3 月）8,800 日元、兒童票半價。
◆ 使用期間：連續 4 日。
◆ 售票地點：松本巴士中心、新島々巴士中心、高山濃飛巴士中心、下呂濃飛巴士中心。
◆ 使用區間：無限次搭乘 JR 高山車站前到松本間巴士、電車。
◆ 使用路線：

・松本電鐵上高地線電車
・上高地～乘鞍地區巴士
・松本市內巴士路線
・美ケ原高原美術館線
・特急巴士：松本～高山線、新穗高溫泉線
・高山～新穗高線
・高山～新穗高線（※ 僅能搭乘非預約制車次）
・高山市內觀光巴士（※ 猴寶寶巴士＆街道巴士）
・高山～下呂線
・高山～古川線

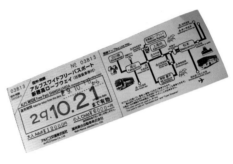

◆ 建議事項：

· 濃飛巴士（高山～白川鄉）僅能搭乘非預約班次，發車前排隊上車即可。

· 巴士運行期間：澤渡→上高地，4月22日～11月15日。乘鞍高原→乘鞍，7月1日～10月31日。平湯溫泉→乘鞍，5月15日～10月31日。車票販售期是一整年，不過冬季上高地、乘鞍地區的巴士停駛，此外10月分乘鞍地區巴士有可能因為積雪而停駛。

**阿爾卑斯山廣域套票行程規劃**

■ *Day1* 高山→白川鄉→高山（宿）
■ *Day2* 高山→乘鞍山頂〔疊平〕→乘鞍高原→白骨溫泉（宿）
■ *Day3* 白骨溫泉→上高地→平湯溫泉（宿）
■ *Day4* 平湯溫泉→新穗高→松本（宿）

※ 以上交通資訊有可能異動，購票前請再次確認日本官網！

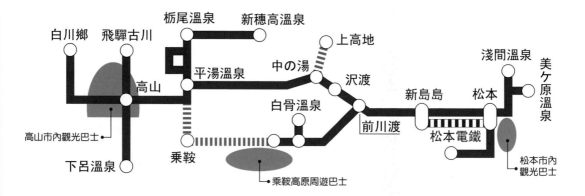

# 從金澤、松本出發：阿爾卑斯三星級路線通票
# （三つ星ルートきっぷ／Three-Star Route Ticket）

◆ 網站：www.nouhibus.co.jp/new/mitsubosi_route_ticket.html
◆ 巴士公司：北陸鐵道、濃飛巴士、ALPICO 交通公司。
◆ 票價：大人票 5,140 日元、兒童 2,570 日元。
◆ 使用期間：連續 4 日。
◆ 售票地點：松本巴士中心、金澤北鐵巴士站。只能現場購買，不接受網路預訂。
◆ 使用區間：松本～高山～白川鄉～金澤四張單程車票，每次只可乘搭一次，限定單方向，不可逆轉，中途下車無效。

◆ 使用重點：四張單程車票分為：❶ 金澤～白川鄉，❷ 白川鄉～高山，❸ 高山～平湯溫泉，
❹ 平湯溫泉～松本。從開票日開始連續 4 天使用，但必須事先打電話去濃飛巴士或北陸鐵
道預約中心，完成電話訂位；或者先上網預約「金澤～白川鄉」或「白川鄉～高山」其中
一段車票，拿出預約番號，確認過後才能買到這張三星路線票。（電話預約對很多人來說，
也許是一大困擾，或可麻煩信用卡的白金祕書。）

◆ 預約資訊：

· 北陸飛驒三つ星街道之旅：www.mitsuboshi-kaidou.jp

· 全國高速巴士預約：www.highwaybus.com/rs-web01-prd-rel/gp/index

# 從東京新宿出發：完全信州 · 飛驒車票
## （まるまる信州／飛驒きっぷ）

◆ 網站：www.alpico.co.jp/access/ticket/wide_free.html#marumaru

◆ 巴士公司：濃飛巴士、ALPICO 交通公司、京王電鐵巴士。

◆ 票價：大人票 17,480 日元。

◆ 使用期間：連續 4 日。

◆ 取票地點：新宿高速巴士中心、松本巴士中心、平湯巴士中心、高山濃飛巴士中心。

◆ 使用區間：從新宿搭高速巴士到信州（松本、上高地、乘鞍）和飛驒（奧飛驒溫泉鄉、高
山、白川鄉、下呂溫泉）4 日套票。

◆ 使用路線：搭乘高速巴士，新宿～松本線、新宿～高山線往返各一次，加信州 · 飛驒阿
爾卑斯山廣域套票往返。（※ 新宿～松本線和新宿～高山線，同樣線路不能二次使用）

◆ 使用方式：請先決定新宿～高山線
的乘車日期和時間，購票前先用網
路、電話預約過後，再到新宿高速巴
士中心處理窗口購買完全信州 · 飛
驒車票。

※ 以上交通資訊有可能異動，購票前請再次
確認日本官網！

### 完全信州／飛驒車票行程規劃

■ **Day1** 新宿→松本→上高地（宿）

■ **Day2** 上高地→平湯溫泉→新穗高溫泉（宿）

■ **Day3** 新穗高溫泉→高山→白川鄉（宿）

■ **Day4** 白川鄉→高山→新宿

## 從城端、高山出發：白川鄉・五箇山世界遺産轉乘票（白川郷・五箇山世界遺産乗り継ぎきっぷ）

◆ 網站：www.tabi-nanto.jp/info/post_285.html
◆ 巴士公司：加能越巴士、濃飛巴士。
◆ 票價：大人票 3,700 日元、兒童 1,850 日元。
◆ 使用期間：1 日。
◆ 取票地點：高山濃飛巴士中心、高岡車站內加越能巴士服務中心、城端車站內。
◆ 使用區間：主要分為 3 枚單向利用乘車券，❶ 高山～白川鄉（濃飛巴士），❷ 白川鄉～菅沼～相倉口～城端車站（加越能巴士），❸ 南砺市城端巴士一日乘車券。

※ 以上交通資訊有可能異動，購票前請再次確認日本官網！

## 從新高岡、高岡、城端、白川鄉出發：世界遺産巴士（世界遺産バス）

◆ 網站：www.kaetsunou.co.jp/regular/sekaiisan/
◆ 巴士公司：加能越巴士。
◆ 票價：
　・高岡、城端車站～白川鄉單向車票，大人 2,000 日元（兒童半價）。
　・高岡、城端車站～五箇山來回車票，大人 2,500 日元（兒童半價）。
　・高岡、城端車站～白川鄉、五箇山來回車票，大人 3,500 日元（兒童半價）。
◆ 使用期間：連續 2 日。
◆ 售票地點：高岡車站內加能越巴士服務中心。
◆ 建議事項：在新高岡站搭車者，請在車內購買乘車券。

※ 以上交通資訊有可能異動，購票前請再次確認日本官網！

# 從高山、平湯溫泉、富山出發：奧飛驒超值套票
## （奧飛驒まるごと・バリューきっぷ）

◆ 網站：www.meitetsu.co.jp/recommend/catalog/1242562_5053.html
◆ 巴士公司：名鐵公司。
◆ 票價：
- ・高山出發（高山巴士中心～新穗高纜車車票 2 日自由券）大人 5,150 日元、兒童 2,680 日元。
- ・平湯溫泉出發（平湯溫泉～新穗高纜車車票 2 日自由券）大人 3,600 日元、兒童 1,850 日元。
- ・富山出發（富山車站～奧飛驒間往返車票＋平湯溫泉～新穗高纜車車票 2 日自由券）大人 5,150 日元、兒童 2,680 日元。

◆ 使用期間：連續 2 日。
◆ 售票地點：JR 高山站車站內 JR Tours 旅遊服務中心。名鐵名古屋站服務中心則是在名鐵百貨 B1 電車驗票閘口附近，也可利用 LAWSON 便利商店內的操作機器買票。

◆ 使用區間：高山・奧飛驒溫泉鄉 2 日無限乘車券、新穗高纜車來回車票、阿爾卑斯街道平湯入浴券（富山出發沒有贈送）。另一款「上高地・奧飛驒超值套票」每年只在 4/17 ～ 11/15 期間販售。

※ 以上交通資訊有可能異動，購票前請再次確認日本官網！

> ∥∥ 旅遊小知識
>
> **金券行**
>
>
>
> 日本有一種「金券行」專門收購旅客沒有使用完的車票，如 JR 車票或青春 18 這類不記名的車票，店家以低於市價回沒有使用完的車票，使用者可以低於市價的價格去買別人沒有使用完的車票。
>
> 有次遇到強烈颱風導致電車停駛，旅遊被迫中斷，我就把剩下一格的青春 18 以 2,000 日圓賣給金券行，至少拿回一些旅費成本。至於金券行哪裡找，以名古屋為例，我只知道名古屋車站太閣通口、千里馬藥妝店對面和正後面各有一家金券行，或者上網查詢各地的金券行也是好辦法。

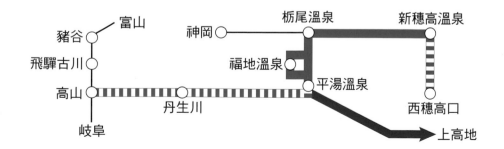

自從東京到金澤的北陸新幹線開通後，暢遊中部、北陸變得更快更方便，搭飛機到東京、大阪、名古屋都可以，不僅有 JR 東日本和 JR 西日本搶攻北陸旅遊市場，各路線高速巴士的套票也應運而生，旅遊的靈活度增加不少，優惠票券（PASS）多到眼花撩亂。5 天 4 夜的行程可能滿足不了你，10 天的行程又不太容易請假，想要安排一趟難得的中部、北陸之旅，實際要考慮的因素真的很多。可依不同季節的變化、交通票券的使用範圍，藉由不同的路線玩法，多來幾趟真正的北陸深度之旅吧！

## 季節與路線的安排

「交通」一直是在日本自助旅行首要克服的問題，先想清楚想去哪裡玩？白川鄉合掌村、金澤、立山黑部都想去？不如先把日本地圖找出來看仔細，才不會天馬行空亂選一通。

季節性的景點也要多留意，例如立山黑部、上高地冬天是不開放的，我個人比較偏好以路線安排，好比名古屋到富山，若以 JR 高山本線沿途來看，熱門的景點有

下呂、高山、飛驒古川和富山，能搭乘的交通工具有高速巴士或 JR 電車兩種，用優惠套票來規劃路線，或單程一段一段買票也可以，最終要考量地理位置、搭車時間和停留當地的時間要多久？鄉下地方的商店和景點差不多是 10 點開門營業，太陽下山就打烊，像高山這麼熱鬧的景點，也是 5 點多就關店休息了。

近年來大家旅遊天數變長了，買一兩種套票搭配使用者不算少數，日本每年總是會推出許多新種類的優惠車票，只要在有效期間　購買與使用，基本上都會比單買車票來的划算。有一點要稍微注意日本優惠套票通常會有發行期間，每年到了發行期間截止日，通常會再順延一年，新年度的封面可能不太一樣，購買時間點要多加留意。總之，只要將旅遊路線排順了，完美的旅行就要開始了！

## 買票與訂位的問題

如果你和我一樣日文是有聽沒有懂，也別太擔心不會買票，懂漢字是臺灣人旅遊日本最大的優勢，只需把要想購買的票券日文字依樣畫葫蘆地寫下來，再將抵達目的地、車班時間、購票條件一併寫清楚拿給售票員看，或者直接列印出車票的網頁，不用多說話用微笑就能順利買到車票。然後，現在有許多高速巴士是必須提前預約訂位才能上車的，可上網預約的還算方便，只能打電話預約的就試著先用英文溝通，若不行，再請信用卡的白金祕書為你服務。但如果行程有變動，也請記得上網或打電話去取消已預約的車班，要做個守信用的旅人。

## 旅館的預訂

　　現在廉價航空當道，說走就走的旅人越來越多，但旅遊中部北陸千萬別太隨性，別想玩到哪裡住到哪裡，真的要先把旅館訂妥再來跑行程會比較好。我個人覺得平湯、金澤、富山很適合當旅遊據點，住個兩三天往鄰近城市遊玩。住宿的選擇條件很簡單，離車站近一點的，拉行李找旅館或是搭車旅行都會比較方便。像是合掌屋的民宿，更不可能當天臨時請觀光案內所的人員幫忙推薦，若碰上日本休假日，熱門景點的飯店更不好訂了，提前預約是一定要的，有些熱門季節（櫻花、紅葉、合掌村點燈、高山祭）飯店更可能早在半年或一年前就被預訂一空。臨時取消訂房也記得要先通知飯店，千萬別當失格的旅人。總之，搞定住宿與車票是一樣重要的。

## 搭車的時刻

　　日本中部北陸的交通，絕對不像東京、大阪車班那麼密集又四通八達，偏遠地區錯過唯一一班巴士或電車可能又得多等一小時，點和點之間的交通時間要確實掌握好，行程才會走的順。最好是出發前，能將所有車班的時刻表先全部查清楚，手機也要下載搭車必備的「乘換案內 App」，萬一臨時有交通上的問題（如電車停駛誤點）也能立即用手機查詢。若無法上網，每個車站內至少都有放置供旅客查詢的紙本時刻表，要懂得隨機應變。

## 行李的問題

　　到日本中部北陸旅行很難像在東京、大阪一樣，可以住在同一地方定點旅遊，總是必須不斷帶著行李移動，不走回頭路的玩法，行李的確是旅遊途中最大的困擾。如果沒有辦法將所有行李塞入一個後背包揹著走，就只好花錢解決問題。一般在車站內都會設有大型的置物櫃，20 吋行李箱每次寄放的費用約 400 ～ 500 日元。利用宅急便寄送行李也是一個辦法，前提是要先把下一個點的飯店先敲好，然後揹著 2 ～ 3 天的衣物旅遊。以松本寄到名古屋的距離，20 吋行李箱宅急便費用約 1,350 日元，相當於 3 天的置物櫃費用，如何精打細算省錢旅遊端看個人習慣。由於近年來日本旅遊的遊客變多了，有些飯店會拒絕旅客不住宿卻要將行李寄放過夜的問題，這些都是出發前就要先和飯店溝通清楚，提前想好應變的辦法。

◆ 日本宅急便：date.kuronekoyamato.co.jp/date/Main?LINK=TK

## 旅費的預算

　　旅遊的天數決定旅費的多寡，試圖抓最節省的預算，基本上商務旅館單人房費用約要 6,000 日元，雙人房約 9,000 日元（2 人平均分擔住宿費比較省），一泊二食的住宿費用 1 人 1 天最少要 10,000 日元，單純 1 人 1 天三餐抓 3,000 日元，再加上機票與交通費、門票與日常購物消費，差不多就是一趟旅行該抓的花費。有些交通費、民宿住宿費則需要付現金，不一定處處都可以使用信用卡，尤其是鄉下地區，預留足夠的現金在手上是非常、非常重要的。

## 觀光案內所

　　請善用各地觀光案內所的豐富旅遊資訊，不光只是拿地圖，當地即時旅遊訊息通常也會貼在公布欄上，如祭典活動路線或櫻花盛開幾分等諸如此類，有回在金澤的觀光案內所內，才得知兼六園有免費開放 3 天夜間點燈的活動訊息，當晚立即跑去，果然至今印象深刻，這些不預期的驚喜，意外成為旅途中加分的元素。

## 自由行程安排

### 實際走過一回的 11 天 10 夜北陸夏季之旅

|  | 主要行程 | 交通票券 | 住宿 |
|---|---|---|---|
| Day1 | 名古屋 | | |
| Day2 | 名古屋→下呂 | 青春 18 | 下呂 |
| Day3 | 下呂→高山→飛驒古川→高山 | 青春 18 | 高山 |
| Day4 | 高山→白川鄉合掌村 | 阿爾卑斯山廣域套票 | 合掌村 |
| Day5 | 白川鄉→高山→上高地 | 阿爾卑斯山廣域套票 | 上高地 |
| Day6 | 上高地→乘鞍 | 阿爾卑斯山廣域套票 | 乘鞍 |
| Day7 | 乘鞍→松本 | 阿爾卑斯山廣域套票 | 松本 |
| Day8 | 松本→奈良井→馬籠→妻籠 | 青春 18 | 妻籠 |
| Day9 | 妻籠→米原→金澤 | 青春 18 | 金澤 |
| Day10 | 金澤→名古屋 | 青春 18 | 名古屋 |
| Day11 | 名古屋 | | |

※ 可搭配使用青春 18+ 濃飛巴士的阿爾卑斯山廣域套票（アルプス ワイド フリーパスポート 信州・飛驒）

秋意滿滿的 10 天 9 夜北陸秋季之旅，適合 10 月初出發！

|  | 主要行程 | 交通票券 | 住宿 |
|---|---|---|---|
| Day1 | 東京 | | |
| Day2 | 東京→金澤→和倉溫泉 | JAPAN RAIL PASS | 金澤 |
| Day3 | 金澤→東尋坊→福井 | JAPAN RAIL PASS | 金澤 |
| Day4 | 金澤→高岡→冰見→富山 | JAPAN RAIL PASS | 富山 |
| Day5 | 富山→黑部宇奈月溫泉→<br>黑部峽谷→富山 | JAPAN RAIL PASS | 富山 |
| Day6 | 富山→立山黑部→松本 | 立山黑部加購票 | 松本 |
| Day7 | 松本→上高地→長野 | 上高地（往復）券 | 長野 |
| Day8 | 長野→輕井澤→草津溫泉 | JAPAN RAIL PASS | 草津溫泉 |
| Day9 | 草津溫泉→高崎→東京 | JAPAN RAIL PASS | 東京 |
| Day10 | 東京→成田國際機場 | JAPAN RAIL PASS | |

※ 可搭配使用 JAPAN RAIL PASS 7 日券與其他相關票券

Hokuriku Shinkansen
Takayama Line
Hokuriku Line
Tokaido Line
Chuo Line
Nohi Bus

中部北陸
超人氣
旅遊景點

## 遊賞 ‖ 東茶屋街

　　古色古香的「東茶屋街」，在江戶時代是專門款待客人觀賞藝妓舞蹈及聆聽音樂的繁華街道，茶屋特色為 2 層式木造建築和成排的細格子門窗，顯得古色古香，有著 180 年歷史的「懷華樓」和茶屋「志摩」值得參觀，有空不妨進來喝杯茶，感受江戶時代古典的茶屋風情。而距離不遠的「主計町的茶屋」，在 2008 年以歷史性的茶屋街之名，被選為與「京都祗園」、「金澤東茶屋街」並列的國家指定文化財產，也很值得一遊。

　　個人認為逛茶屋街，黃昏到晚上街燈亮起這段時間最有氣氛；下雨天又比晴天時更加浪漫。

◆ 交通：巴士「橋場町」下車
◆ 商店營業時間：9:00 ～ 18:00

## 遊賞 ‖ 金澤 21 世紀美術館

　　由日本知名建築師妹島和世所設計的「金澤 21 世紀美術館」，在開館前 1 個月獲得威尼斯建築雙年展的金獅獎，讓該館更加受到矚目，是日本第三大人氣美術館之一。館內空間感簡約明亮，並劃分免費區與付費區，如要進入付費區需先在櫃檯購買門票。

　　造訪此地，大家一定會看的就是阿根廷設計師 Leandro Erlich 所創作的「The Swimming Pool 泳池」，藉由假的扶梯讓人產生「真泳池」的錯覺，上面的人看得到下面的人在水池中走動，充滿趣味效果。泳池上方是免費區域，下方則需要購買門票入場，每年總是吸引千萬名遊客到此參觀。

◆ 交通：巴士「廣坂」下車
◆ 開放時間：10:00 ～ 18:00
◆ 休館日：每星期一
◆ 門票：公共區域免費入館。一般展區收費 350 日元、共通觀覽券 1,000 日元可參觀特別主題；如想單看「泳池」下方，購買 350 日元門票即可
◆ 網址：www.kanazawa21.jp
◆ 注意事項：位於美術館中庭的「泳池」只要下雨，就算是毛毛雨也會暫停開放喔！

北陸　新幹線

富山縣　黑部宇奈月　溫泉

長野縣　長野

長野縣　輕井澤

群馬縣　高崎

048
049

## 遊賞 ▏▎▍近江町市場

　　金澤最出名的傳統市場「近江町市場」因臨近日本海，主要販售日本海域的新鮮漁產，種類豐富，食材新鮮，價格合理，市場上有許多店家，販售新鮮現撈的生海膽、生蠔，讓遊客可以現點現吃，大啖美味海鮮。尤其目前日方解禁捕捉日本海域的螃蟹，連來金澤旅遊的日本人都一箱一箱的宅配螃蟹回家，更讓整個市場擠得水洩不通。

　　此外，近江町市場內最熱賣的料理就是滿滿的海鮮丼，只要是賣海鮮丼的店家，還不到中午用餐時間，門口就已大排長龍。在市場中央設有 2 層樓的「近江町市場館」，館內有多家海鮮餐廳。至於近江町市場的營業時間，我第一次來是上午 11 點多，人聲鼎沸非常熱鬧，但隔天下午 3 點多再來一次，賣新鮮魚產的店家約一半以上都收攤打烊了，整個市場顯得冷冷清清，落差很大。所以若想體會近江町市場熱鬧喧嘩的景象，還是在上午前往會比較有看頭。

◆ 交通：巴士「武藏之辻」下車
◆ 營業時間：生鮮魚店 8:00 ～ 18:00、餐廳 11:00 ～ 21:00

## 遊賞 ▏▎▍香林坊、片町周邊

　　香林坊、片町周邊是金澤熱鬧的市中心，為逛街購物的好去處──在「香林坊」有百貨公司與名牌精品店；在「片町 ・ 木倉町」有各式餐廳；在「堅町 ・ 柿木」有年輕人喜歡的個性商店，像西門町一樣多為販售年輕人流行的商品；「廣坂」則是傳統工藝品店林立。另外，保留著過去武士居所的住宅遺跡「武家屋敷」離香林坊並不遠，如果時間允許，也能走過去參觀拍拍照。

## 建議玩法 ▏▎▍

### 金澤的玩法

　　金澤知名的旅遊景點看起來都很近，但千萬別覺得用走的就好，還是得買巴士 1 日乘車券才方便遊玩。日本人很喜歡來金澤旅遊，雖然旅遊人數不像京都、大阪那麼高人氣，偶爾會覺得街上有點冷清，不過金澤的海鮮丼很值得推薦，料多豐富，喜歡吃海鮮的遊客肯定很喜歡，還有灑上金箔，顯得貴氣十足的金澤冰淇淋，也值得一試喔！

◆ 2 天 1 夜的行程規劃：

· 第 1 天：金澤車站→ 21 世紀美術館→近江町市場（午餐）→東茶屋街→香林坊、片町周邊（晚餐）。

· 第 2 天：兼六園→金澤城公園→近江町市場（午餐）→金澤車站（晚餐）。1 天之內是可走完熱門景點，但待 2 天較有時間可以慢慢逛。

## 以金澤為據點，到鄰近城市也好玩！

◆ 能登半島一日行程：

金澤→（搭北陸鐵道特急巴士）輪島朝市→白米千枚田→和倉溫泉→金澤。

◆ 富山縣一日行程：

金澤→（忍者哈特利列車）冰見→冰見番屋街→高岡→高岡大佛→瑞龍寺→高岡→金澤。

◆ 福井縣一日行程：

· 金澤→蘆原溫泉站→東尋坊→三國港車站（越前鐵道）→永平寺→福井→金澤。

· 金澤→五箇山、白川鄉一日行程：金澤→（北陸鐵道高速巴士‧高山線）→五箇山、白川鄉，1 日 8 班往返。

· 北陸飛驒三つ星街道之旅：www.mitsuboshi-kaidou.jp

◆ 三井北陸 Outlet Park 一日行程：

· 金澤→搭巴士 45 分鐘→三井北陸 Outlet Park，1 日 6 班往返。

· 三井北陸 Outlet Park 交通：www.31op.com/oyabe/access/index.html#trainarea

## 交通情報

　　看完「建議玩法」，再教大家遊玩金澤最簡單的方法：平日週一到週五可購買 500 日元的 1 日乘車券，搭乘復古造型的「城下町金澤周遊巴士（城下まち金沢周遊号）」。以金澤車站東口為起點，繞行金澤市內主要觀光景點，超過三趟就值回票價。如果碰到星期六、日就搭乘「兼六園接駁巴士」或「市街巴士」，單程車資 100 日元，單趟付費 1 天玩下來可能還花不到 500 日元。在每個巴士站牌通常設有到站訊息，透過電腦螢幕，巴士開到哪裡或幾分到站都能一目了然。只是有一點要注意，千萬不要搭到 JR 巴士，1 日乘車券是不能使用的，搭錯車只能投現金了。

　　至於外觀十分花俏的金澤 FURATTO BUS 有 4 種不同路線：花路線、菊川路線、材木路線、長町路線，但比較沒機會搭乘，因為搭「城下町金澤周遊巴士」就很足夠了。

金澤 石川縣
能登半島 石川縣
新高岡 富山縣
冰見、雨晴海岸 富山縣
富山 富山縣
立山‧黑部 富山縣

## 【城下町金澤周遊巴士／城下まち金沢周遊号】金澤車站東口 3 番搭乘

◆ 運行時間：金澤車站東口（初班 8:30、末班 18:00）每 12 分鐘一班車，行駛一周 41 分鐘。

◆ 周遊路線：金澤車站東口→橋場町→兼六園下 →廣坂→片町→香林坊→南町→武藏之辻→金 澤車站東口。

◆ 基本票價：成人 200 日元、兒童 100 日元。

◆ 特點：東茶屋街的懷華樓、志摩只要出示乘車券 即可享優惠。

## 【兼六園接駁巴士／兼六園 Shuttle】金澤車站東口 6 番搭乘

◆ 運行時間：金澤車站東口（初班 9:30、末班 17:50），行駛一周 30 分鐘、每 20 分鐘一班車。

◆ 周遊路線：金澤車站東口→武藏之辻→香林坊 →廣坂→兼六園下→成巽閣前→廣坂→香林坊 →武藏之辻→金澤車站東口。

◆ 基本票價：成人 100 日元、兒童 50 日元。（適 用 1 日乘車券）

## 【市街巴士／まちバス】金澤車站東口 4 番搭乘

◆ 運行時間：金澤車站東口（初班 9:40、末班 20:00），行駛一周 35 分鐘、每 20 分鐘一班車。

◆ 周遊路線：金澤車站東口→武藏之辻→香林坊→ 片町→ 21 世紀美術館 ‧ 兼六園→香林坊→武藏 之辻→金澤車站東口。

◆ 基本票價：成人 100 日元、兒童 50 日元。（不 適用 1 日乘車券）

## 【夜間巴士】金澤車站東口 7 番搭乘

◆ 運行日：週六夜間。（周遊金澤市內有燈光照明的區域或建築物）

◆ 運行時間：金澤車站東口（初班 19:00、末班 20:20），行駛一周 32 分鐘、每 10 分鐘一班車。※20:00 前在橋場町下車，即有嚮導免費導覽東茶屋街 30 分鐘。

◆ 基本票價：成人 300 日元、兒童 150 日元。（適用 1 日乘車券）

◆ 聯絡方法：北陸鐵道電話服務中心 TEL:237-5115

### 金澤北鐵站前售票中心

JR 金澤車站東口 1 番站牌左側的「北鐵站前售票中心」，主要販售金澤開往各路線的高速巴士車票，已經上網預約好的昇龍道高速巴士票、三星路線套票去高山或白川鄉的巴士票，就是在這裡取票，很多熱門旅遊路線如白川鄉合掌村車票也可提前來購買，不然當天沒座位，就無法上車了喔。

■ 北陸鐵道公司：www.hokutetsu.co.jp

■ OPEN: 09:00 ~ 18:00　TEL:076-234-0123

## 美食推薦

### 近江町市場的海鮮丼

豪華的生魚片飯是每位遊客最想品嘗的金澤美食。

### 咖哩豬排飯

簡單的平民美食，榮獲 B 級美食料理大力推薦。

### 自由軒蛋包

位在東茶屋街入口處的「自由軒」是間歷史老店，用餐時間需排隊但值得品嘗。

### 金澤關東煮（おでん黑輪）

全日本賣おでん最多的店家在金澤市，品項不僅有傳統黑輪，還包括海鮮、梅貝（バイ貝）和車麩，是金澤才有的關東煮口味喔！

### 金澤車站附近的美食

靠近西口的金澤百番街的美食街，和東口外的 FORUS 百貨公司 6 樓美食街，除了高人氣的もりもり迴轉壽司，還有許多看起來不錯的餐廳值得一試。

## 住宿經驗 ||

　　想要讓旅遊行程輕鬆些，住在車站附近絕對是首選！金澤比較熱鬧的地方都匯集在東口，東口外旅館選擇也多。但住在東口或西口都不錯，車站內外都有百貨公司和購物街，吃飯、逛街都不是問題，車站內「金澤百番街」匯集所有金澤美食和名產館，至少晚上車站周邊還算滿熱鬧的。我這次選擇低價的旅館，距離車站走路不到 8 分鐘，東口和西口都住過，反而比較喜歡西口的 R&B HOTEL，住宿便宜又有免費早餐，滿值得推薦給大家的。

## 搭名鐵高速巴士經驗談

- 名鐵高速巴士訂票網頁：www.hokutetsu.co.jp/bus/highway/index.html#nagoya
- 日本全國高速巴士訂票網頁：secure.j-bus.co.jp/hon

　　這次挑戰從名古屋到金澤的名鐵高速巴士。網路上都說高速巴士必須先上網訂票，不然會買不到票，處心積慮一直想辦法要上網訂到票才能安心。直到我抵達名古屋後，一早 7 點直奔名鐵高速巴士完成取票手續後，才發現不論多早的車班，只要有發車就有現場售票人員，在現場買票也能直接去搭車，而且一部車都沒有坐滿，感覺又好像可以不用先上網訂票。之前擔心買不到車票的憂慮是多餘的，除非是碰到日本黃金週、特別的休假日，或是名古屋到白川鄉這種熱門觀光路線，怕臨時買票會沒座位才需要事先上網訂票，不然，現場購票選擇出發的車班就能立即上車，是很方便的交通工具。後來我又發現如果事先上網購票，座位會被安排在前 2 排，喜愛坐巴士前面者也可以考慮先上網訂票。

　　還有一點要注意的，來回車票（往復）的車資算起來都比單程車票（片道）來的便宜。一般而言，應該都會選擇購買來回車票，但想購買來回車票還是有它的限制，必須 4 天內就能往返，若是超過 4 天以上，很抱歉，就得購買單程車資 2 張。

　　搭乘名鐵高速巴士從名古屋到金澤車程需要 4 小時，途中會經過一個高速公路休息站讓乘客下車去上廁所，差不多會停留 15 分鐘。聽不懂日文別害怕，私下再向司機先生問清楚，不然就問一下鄰座乘客，貼心一點的司機還會掛出一個上車時間表，只要在開車前準時回到車上即可。高速公路休息站也滿好逛的，有販賣當地的土特產，還有搭高速公路才有的速便當（速弁）。日本人好像很喜歡吃一些地域性的便當，上車時總是人手一個便當，發車後開始吃便當，十分有趣。

Photo by LLC

# 能登半島

## 石川縣

### Noto Hanto

位於石川縣北邊的「能登半島」是靠近日本海的最大半島，至今依然保有大自然純樸的美景。一般都認為這裡的交通不大便利，到北陸自由行的遊客也很少會安排到偏遠的能登半島旅行，主要是沒有優惠套票包含能登半島。其實，這裡的交通也算方便，只是車班沒那裡密集，除了有高速巴士往來金澤～輪島之間，還有能登鐵道從穴水站連結 JR 七尾線，尤其在北陸新幹線通車後更順勢推出 2 部豪華的觀光列車：JR 七尾線的「新娘暖簾號（花嫁のれん）」和能登鐵道的「能登里山里海號」，成功吸引眾人的目光。此外，能登有名的海鮮美食「能登丼」更是連日本人都不會錯過的美食！

### 遊賞 ∥ 和倉溫泉（Wakura Onsen）

日本頂級的「和倉溫泉」是能登半島最大的溫泉鄉，也是日本最豪華的溫泉勝地。在七尾灣沿岸高級溫泉旅館林立，其中最有名的就是「加賀屋溫泉旅館」，已連續 35 年拿下日本最佳飯店榮譽。加賀屋座落在七尾灣，除了可以欣賞能登半島四季美景外，亦可品嘗用七尾灣海鮮烹製的日式溫泉料理美食，加上傳統溫泉旅館以客為尊的優質服務，可說是世界第一棒的溫泉旅館，連帶著七尾灣沿岸周邊的溫泉旅館也是如此，想要享受一流的服務品質，來和倉溫泉就對了。

　　和倉溫泉的歷史要從 1,200 年前說起,因地震引發的地殼變動,導致溫泉水脈移位至七尾灣,從此海水中便湧出了滾燙的溫泉水,恰巧有漁夫看見受傷的白鷺在冒著溫泉的海面上療傷,就成為和倉溫泉不朽的白鷺傳說。和倉溫泉也出於海中溫泉之故,導致溫泉水是鹹的——不信?可以來試飲看看,這可是世界三大名泉之一,聽説對於改善腸胃症狀和貧血,頗有口碑。

◆ 交通:
　　【JR 七尾線】金澤〜和倉溫泉約 1 小時 29 分
　　【北鐵能登巴士】金澤〜和倉溫泉約 1 小時 37 分
　　【加能越巴士】高岡、冰見〜和倉溫泉觀光會館前約 2 小時 40 分
◆ 泉質:鈉、鈣—氯化物泉
◆ 功效:皮膚病、神經痛、腰痛
◆ 和倉溫泉觀光協會:www.wakura.or.jp
◆ 加賀屋溫泉旅館:intl.kagaya.jp/tw

金澤 石川縣
能登半島 石川縣
新高岡 富山縣
雨晴海岸 冰見、 富山縣
富山 富山縣
立山 黑部‧ 富山縣

## 足湯公園／妻恋舟の湯

　　和倉溫泉最受歡迎的「足湯公園（妻恋舟の湯）」，也是觀光宣傳海報的拍攝地點，這裡的視野超棒，面向大海右手邊有能登島大橋，又可欣賞七尾灣無敵海景，藉由暖呼呼的足湯來洗滌旅途中的疲憊，就算沒有入住一流的加賀屋溫泉旅館，來享受這五星級的足湯公園也能獲得滿足喔！

◆ 開放時間：7:00 ～ 19:00　　◆ 入場費：免費　　◆ 休息日：冬季休業

## 和倉溫泉・總湯館

　　2011 年新建的「和倉溫泉・總湯館」是個設備新穎的溫泉浴場，乾淨的浴場是日歸溫泉的首選，只需花少少的入浴費就能享受百分百的和倉溫泉。總湯館內有詳盡的和倉溫泉歷史文物展示和旅遊資料，館外設有免費的足湯池。想試飲鹹的和倉溫泉水嗎？在足湯池旁就設有可以喝的溫泉水，因為這裡的溫泉含有豐富鹽分，稀釋喝下可改善貧血和胃酸過多的毛病。

◆ 開放時間：7:00 ～ 22:00　　◆ 入浴費：大人 440 日元　　◆ 休館日：每月 25 日

## 遊賞 ‖ 輪島朝市

　　日本三大朝市之一的「輪島朝市」是非常受歡迎的朝市之一，朝市裏除了當地新鮮魚貨外，還有許多漆器工藝品攤販，因為輪島也是日本重要傳統工藝「輪島漆器」的產地。據說輪島早期婦女就是用以物易物的方式，交換彼此的食物或手工製品來維持生計，久而久之演變成今日的輪島朝市。擺攤的多為老婆婆，就算語言不同，靠著比手畫腳買東西也很有趣！在輪島朝市內還藏著日本漫畫《無敵鐵金剛》作者「永井豪紀念館」，前來朝聖的遊客也是絡繹不絕喔！

◆ 交通：北陸鐵道特急巴士「金澤～輪島」約 2 小時，單程票 2,260 日元。（車票請到金澤
　　車站東口 1 號站牌附近的「北鐵站前售票中心」購買）

◆ 營業時間：8:00 ～ 12:00

◆ 休息日：第二、第四週星期三

◆ 輪島市觀光協會：wajimaonsen.com/article_detail/66_1.html

「白米千枚田」輪島最出名的觀光梯田，被認定為重要的世界農業遺產。這裡可以看到大大小小的梯田綿延不斷，一直延伸到海邊的絕景被認定為日本梯田百選，每當夕陽餘暉灑落梯田上的美景，讓人讚不絕口。

白米千枚田一年四季各有其特色：1～2 月的雪景、4～7 月夕陽西下海景、8～9 月黃黃稻穗自然美景、尤其是每年 10～3 月的霓虹燈光秀，大規模的霓虹燈光秀「畔之光」最吸引眾人的目光，在梯田旁設置 2 萬多盞太陽能 LED 燈，天黑後自動點亮，每 30 分鐘就瞬間轉換燈光顏色，把一塊一塊梯田的輪廓都框了出來，不僅壯觀還充滿夢幻感，屬於難得一見的人工美景！

◆ 網址：senmaida.wajima-kankou.jp

## 如何前往白米千枚田？

若使用 JR 西日本的「關西 & 北陸地區鐵路周遊券」前往，為節省車資可先搭 JR 鐵道到七尾站再轉換巴士至輪島，再搭巴士前往白米千枚田，當晚住宿輪島即可一早逛輪島朝市，回程可順道至和倉溫泉一遊。而從金澤搭高速巴士前往是也算方便，只是途中要換二段車，來回車資也不便宜。最不傷腦力的方法，就是參加定期觀光巴士的 1 日行程，選擇從金澤或和倉溫泉出發都可以，只是必須提前上網預約。以下介紹各路線詳細搭車方法：

■ 如果您使用鐵道：

· 在七尾站或和倉溫泉站→搭乘能登鐵道→到穴水站（轉乘）北鐵巴士：穴水輪島線→輪島車站前 3 號乘車口（轉乘）北鐵巴士→白米千枚田。

· 北鐵巴士「わじま周遊バス」一日券 500 日圓。

　網址 http://www.hokutetsu.co.jp/tourism-bus/wajimasyuyu

· 能登鐵道來回可購買一日券 1000 日圓。

■ 如果您打算乘坐巴士：

· 金澤站東口：1 號乘車口→北鐵巴士輪島特急線→輪島車站前 3 號乘車口（轉乘）北鐵巴士→白米千枚田。

· 乘車時間較短，相對來回車資也較高。

■ 如果您參加「北陸鐵道」定期觀光巴士（白米千枚田觀光行程）：

· 大致觀光巴士路線為和倉溫泉巴士中心（8:25 發）→輪島朝市・輪島漆器会館→キリコ会館→白米千枚田→南惣美術館→珠洲ビーチホテル・珠洲燒資料館→見附島→能登空港（15:00 到）→輪島ふらっと訪夢（15:25 到）→和倉溫泉車站（16:30 到）→和倉溫泉巴士中心（16:40 到）。

· 北陸鐵道觀光巴士：www.hokutetsu.co.jp

· 石川交通觀光巴士：www.ishikawakotsu.jp/tourist/specialties.html

金澤
石川縣

能登半島
石川縣

新高岡
富山縣

冰見、雨晴海岸
富山縣

富山
富山縣

立山・
富山縣

黑部

世界農業遺産
千枚田

Globally
Important
Agricultural
Heritage
Systems
SENMAIDA

1

2

1~2Photo by LLC

新幹線
北陸
高崎
群馬縣
輕井澤
長野縣
長野
長野縣
溫泉
黒部宇奈月
富山縣

062
063

能登島水族館／のとじま水族館

　　石川縣內最大型的水族館，擁有日本海最大的水槽和日本最大的水中隧道，除了展示能登半島近海各種魚類，更可與海豚、海獺等可愛動物近距離接觸；還有各樣有趣的表演，如海豚秀、海獺的餵食、企鵝散步等，是北陸地區很受歡迎的水族館。

◆ 交通：JR 七尾線「和倉溫泉站」轉乘能登島交通巴士，於「能登島臨海公園」下車
◆ 開放時間：9:00 ～ 17:00
◆ 休息日：12 月 29 日至 31 日
◆ 入場費：大人 1,800 日元、中學生以下 500 日元
◆ 網址：www.notoaqua.jp

幸福滿滿的觀光列車之旅

　　配合北陸新幹線金澤線開通，象徵石川傳統文化的 2 部豪華觀光列車也加入運行陣容，不論外型內裝，都具備著代表北陸特色的名物。從金澤搭乘 JR 七尾線觀光列車「新娘暖簾號」到七尾站（七尾站是 JR 西日本和能登鐵道重要的共存轉乘站），再轉搭能登鐵道觀光列車「能登里山里海號」至終點站穴水車站，完成橫越能登半島的鐵道之旅，沿途的田野風光與大自然美景可盡收眼底。

### JR 七尾線觀光列車：新娘暖簾號／花嫁のれん

　　臺灣朋友喜歡稱這部「新娘暖簾號」為花嫁列車，不論外型、內部都相當具有北陸特色，車體外觀採用石川的傳統工藝輪島塗與加賀友禪設計，車內裝飾則由金澤金箔與輪島塗所構成。每次出發都是 2 節車廂，1 號車是北陸「溫泉文化」的表現，被隔成和風個室予人高級感，每間包廂都有個

石川縣　金澤
石川縣　能登半島
富山縣　新高岡
富山縣　雨晴海岸、冰見
富山縣　富山
富山縣　立山
黑部

名稱，花色也都不一樣；2 號車廂以金澤金箔和輪島塗為主，金碧輝煌十足貴氣！廣告文宣寫著——期待搭乘此列車的客人能再次發現日本的「和與美」，享受最高的旅途樂趣。

◆ 運行區間：金澤～和倉溫泉
◆ 運行車數：1 日 2 班往返
◆ 運行時刻：

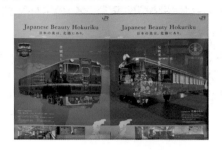

・花嫁のれん 1 号：金澤 10:15 發～和倉溫泉 11:37 著
・花嫁のれん 2 号：和倉溫泉 12:07 發～金澤 13:21 著
・花嫁のれん 3 号：金澤 14:15 發～和倉溫泉 15:32 著
・花嫁のれん 4 号：和倉溫泉 16:30 發～金澤 17:53 著

◆ 票價：全車皆為指定席，單程票價 1,380 日元 + 指定席費 1,370 日元，若持關西 & 北陸地區鐵路周遊券，需支付指定席費用
◆ 載客數：52 名
◆ 七尾線觀光列車：www.jr-odekake.net/navi/kankou/hanayomenoren
◆ 注意事項：車票開放 1 個月前預約

## 能登鐵道觀光列車：能登里山里海號

車廂外觀以能登海的日本海藍為主題，為樸實而優雅具有懷舊感的觀光列車，車廂內有效的利用能登地區才有的天然素材及傳統工藝，呈現了屬於能登才有的溫暖及瀟灑空間。

◆ 運行區間：七尾～穴水
◆ 運行車數：1 日 5 班往返
◆ 運行時刻：六、日、假期及暑假期間

| 【七尾 → 穴水】 | 七尾發 | 穴水著 | 【穴水 → 七尾】 | 穴水發 | 七尾著 |
| --- | --- | --- | --- | --- | --- |
| のと里山里海 1 号 | 9:01 | 10:12 | のと里山里海 2 号 | 10:47 | 12:02 |
| のと里山里海 3 号 | 12:22 | 13:35 | のと里山里海 4 号 | 14:14 | 15:17 |
| のと里山里海 5 号 | 15:33 | 16:46 | | | |

◆ 單程票價：大人 1,500 日元、兒童 1,000 日元（預約制、全車指定席）
◆ 載客數：84 名
◆ 能登里山里海號觀光列車：satoyama-satoumi-go.net
◆ 注意事項：車票開放 1 個月前預約

富山縣 新高岡
Shin-Takaoka

交通方法：高岡有 2 個車站，搭北陸新幹線的是「新高岡車站」，
　　　　　搭 JR 冰見線的是「高岡車站」。
【北陸新幹線】東京→新高岡約 2 小時 21 分
【JR 北陸本線】金澤→高岡約 38 分
· 遊玩重點：高岡大佛、高岡古城公園、瑞龍寺
· 高岡市觀光協會：www.takaoka.or.jp

遊賞 ‖ 高岡大佛

　　有大佛界美男子之稱的「高岡大佛」
為市指定文化財，與奈良大佛、鎌倉大佛
並列日本三大佛。創建於 1221 年，歷經二
次燒毀，由於自古以來高岡就以銅
器鑄造業聞名，便決定改用傳統制
銅技術的精華，重新打造一座不
怕火燒的大型銅製佛像，高約 16
公尺，重達 65 噸，成為高岡市
的象徵地標。
◆ 交通：JR 高岡車站徒步
　　10 分鐘
◆ 開 放 時 間：6:00 ～
　　18:00（大佛臺座迴廊）
◆ 費用：免費

石川縣 金澤　石川縣 能登半島　新高岡 富山縣　富山縣 冰見、雨晴海岸　富山縣 富山　富山縣 立山·黑部

## 遊賞 || 高岡古城公園

　「高岡古城公園」就是之前的高岡城遺址，今為縣指定史跡、日本百大名城之一。園區占地廣闊，其城牆、天守閣、護城河都還保留著歷史風貌；園內有自然歷史博物館、動物園、市民會館、射水神社等，是高岡市民主要休憩場所。沿著護城河岸每逢櫻花盛開或是秋天的紅葉期，都能欣賞四季鮮明的景色變化。

◆ 交通：JR 高岡車站徒步 15 分鐘
◆ 開放時間：無時間限制
◆ 費用：自由參觀

黑部立山 富山縣
立山・
富山 富山縣
冰見、雨晴海岸 富山縣
新高岡 富山縣
能登半島 石川縣
金澤 石川縣

國寶「瑞龍寺」是江戶時代初期重要的禪宗寺院建築，目前是日本唯一的迴廊式禪宗伽藍。法堂、佛殿和山門等 3 棟建築被指定為國寶，總門、禪堂、高廊下、迴廊、大茶室被指定為重要文化遺產。

◆ 交通：JR 高岡車站徒步 10 分鐘
◆ 開放時間：9:00 ～ 16:30
◆ 參拜費用：大人 500 日元

## 遊賞 // 萬葉線／哆啦 A 夢路面電車／ドラえもんトラム

高岡市這幾年強打「萬葉線・哆啦 A 夢路面電車」成功吸引不少外國遊客參訪，因為高岡市正好是創造出哆啦 A 夢漫畫家「藤子・F・不二雄」的故鄉，於是在 2012 年──哆啦 A 夢誕生前 100 年，高岡市便推出駛於〔高岡車站～越ノ潟〕間的哆啦 A 夢路面電車。原本規劃行駛期限 1 年，大獲好評後又延續哆啦 A 夢路面電車的行駛，一直到現在。若想搭乘路面電車購買（萬葉線電車一日券）較為划算，各景點都有特色值得走走看看：

3

1~3Photo by LLC

・坂下町→徒步 5 分鐘（高岡大佛）。
・志貴野中學校前→徒步 10 分鐘（藤子・F・不二雄故鄉迴廊）。
・東新湊→徒步 7 分鐘（新湊きっときと市場）。
・海王丸→徒步 10 分鐘（海王丸帆船）。
・越ノ潟→徒步 5 分鐘（新湊大橋）。

富山縣

冰見、雨晴海岸

Himi

交通方法：

【JR 冰見線】高岡→冰見約 27 分鐘

【加能越巴士】名古屋→冰見約 3 小時 40 分（預約制）

· 遊玩重點：雨晴海岸、冰見番屋街、冰見海鮮

· 冰見市觀光協會：www.kitokitohimi.com

· 雨晴觀光協會：www3.nsknet.or.jp/~amaharasi

**遊賞 ‖ 冰見**

　　以北陸漁產聞名全日本的「冰見」雖然是位於富山灣的一個小漁港，卻是日本屈指可數的海鮮基地，自古以來漁業興旺，主要以冬季寒鰤魚為漁獲代表。此外，隔著富山灣海岸線眺望遠方 3,000 公尺高、皚皚白雪的立山連峰，就好像海市蜃樓浮在富山灣海面上，山海互相輝映的世界級美景，隨著列車行駛一路相伴。能看見山峰積滿冰雪的海岸令人難忘，即為「冰見」地名的由來。

金澤
石川縣

能登半島
石川縣

新高岡
富山縣

冰見、富山縣

雨晴海岸

富山
富山縣

立山
富山縣

黑部

## 遊賞 ‖ 雨晴海岸

冰見線在雨晴、冰見一帶沿著富山灣海岸行駛，此段是北陸著名的絕景，如搭乘 JR 冰見線忍者哈特利彩繪電車，只要天氣夠好，坐在電車上就能看見立山連峰山脈雪景和富山灣無敵海景，是富山縣最具代表性的景色。許多遊客來到冰見，就是為了親眼一睹傳說中的絕景，聽說機會是可遇而不可求，一年 365 天大概只有 60 天能拍到清晰的立山連峰。

你也可以選擇在著名的「雨晴海岸」雨晴站下車，小小的雨晴站地名也有其典故，傳說當年義經從京都逃到東北的時候，在海岸邊岩石下等待驟雨停止、天空放晴而得此名，也是義經迷重要的朝聖地點。而另一個讓雨晴站聲名大噪的原因是，此處曾是青春 18 車票宣傳海報的拍攝地點，總能吸引不少鐵道迷前來朝聖。

富山縣
黑部宇奈月
溫泉

長野縣
長野

長野縣
輕井澤

群馬縣
高崎

北陸 新幹線

070
071

## 遊賞 ‖ 比美町商店街

　　離冰見車站差不多 10 多分鐘路程的「比美町商店街」是冰見主要商店街，在這裡隨處可見忍者哈特利角色的可愛雕像，最主要是因為創作者「藤子不二雄Ⓐ」是冰見市出生的漫畫家，成名後對故鄉貢獻頗多，他因提供代表作「忍者哈特利（忍者ハットリくん）」的版權讓冰見市做為形象廣告，成功提升了冰見的知名度，街上的潮風館主要為藤子不二雄漫畫手稿展示館，冰見市役所後面的小巷，為藤子不二雄的出生地海慧山光禪寺，一路上都是忍者哈特利迷最愛探索的路線，可以拍攝的角色雕像相當多喔！

## 遊賞 ‖ 冰見漁港場外市場 ‧ 冰見番屋街／ひみ番屋街

　　冰見漁港場外市場「冰見番屋街（ひみ番屋街）」是冰見新興的觀光與美食景點，結合土特產市場、冰見美食街和冰見溫泉，算是一個休閒購物商場，整齊明亮分為東南西北四個區，除了可採購冰見新鮮魚獲和富山灣特有的海產乾貨外，冰見番屋街內的迴轉壽司店「冰見前壽司」標榜使用早上剛捕獲的新鮮食材，超鮮美、超推薦！

　　戶外的天然溫泉「足湯」可邊泡腳邊欣賞立山連峰和富山灣的美景。距離不遠的「冰見溫泉鄉 ‧ 總湯」設備新穎，其天然溫泉水質屬於鹽化物強鹽泉，除了可以促進血液循環外，還有緩解鎮痛的功能，若想迅速恢復旅遊疲勞更是不能錯過。

◆ 交通：冰見車站，搭乘循環巴士至「冰見番屋街」下車，約 15 分鐘
◆ 冰見番屋街營業時間：8:30 ～ 18:00
◆ 足湯利用時間：8:30 ～ 17:30
◆ 總湯營業時間：10:00 ～ 23:00
◆ 總湯門票：大人 600 日元、兒童 300 日元、幼兒 100 日元
◆ 泉質：鹽化物強鹽泉
◆ 功效：促進血液循環、緩解筋肉鎮痛
◆ 網址：himi-banya.jp

氷見市潮風ギャラリー
# 藤子不二雄Ⓐまんが展
「忍者ハットリくん」「怪物くん」ほか 開催中

©藤子スタジオ

北陸 新幹線

高崎 群馬縣
輕井澤 長野縣
長野 長野縣
溫泉 黒部宇奈月 富山縣

072
073

## 忍者哈特利列車

　　生於冰見市，本名「安孫子素雄」的漫畫家「藤子不二雄Ⓐ」，也是哆啦A夢作者之一，其所繪製的「忍者哈特利列車」是北陸地區第一部彩繪列車。冰見線1日6班往返，彩繪列車並不是只有假日才行駛，平日也有，但不是每班次都剛好會掛到忍者哈特利列車，能不能搭到彩繪列車得碰碰運氣。

## 冰見市街地周遊巴士

　　冰見市內主要的循環巴士，往來冰見車站與冰見番屋街之間，每30分鐘一班車，票價100日元，除了觀光客搭乘外，也是當地市民的交通巴士。

### 旅遊經驗分享

　　想要到冰見旅遊，就要從JR高岡車站搭車。冰見線主打的是忍者哈特利列車，某年的11月中旬，我買了一張到雨晴的車票。當電車沿著海岸線行駛時，我一邊興奮地拍照，同時也發覺沒有半個人走在雨晴海岸，大概是秋冬季風太冷了，沒有人想下車。該不該在雨晴站下車呢？下一班車要等1小時才來喔！後來，我沒有在雨晴站下車，也沒有人下車，就直接坐到終點站冰見。

　　在冰見車站前，可搭乘市街地周遊巴士到終點站「冰見番屋街」買買東西吃吃海鮮，新建的冰見番屋街，是個很舒適的土特產購物商場，平日最多就是日本國內團的遊客，一車一車的遊客買起海鮮毫不手軟，美食街內有冰見道地的美食：冰見牛、冰見咖哩、冰見烏龍麵等，唯一一家迴轉壽司「冰見前壽司」可大啖富山灣限定的海產美味。戶外的足湯屋坐滿許多親切的婆婆和爺爺，邊聊天邊泡腳還能欣賞立山連峰的美景。

　　冰見是個城鄉差距很明顯的地方，從冰見車站徒步10分鐘到比美町商店街，在主要的商店街上都沒有什麼人，還好兩旁設有可愛的忍者哈特利卡通人物還能拍拍照。若不想花時間再走回冰見車站等1小時一班的電車，直接在商店街上搭乘巴士回高岡市搭JR也很方便喔！

富山縣
富山 Toyama

交通方法：

【北陸新幹線】東京～富山約 2 小時 15 分

【JR 高山本線】名古屋～富山約 2 小時 43 分

· 遊玩重點：富山富岩運河環水公園（星巴克咖啡）、富山市玻璃美術館、富山城址公園、富山灣鮨。

· 富山市觀光導遊：www8.city.toyama.toyama.jp/kanko

　　富山縣有著豐富的旅遊資源，東有立山連峰，北臨日本海，處於大自然的懷抱之中。右側有熱門的立山黑部、黑部峽谷及宇奈月溫泉，包括重要的地方交通工具富山地方鐵道；左側則有世界文化遺產五箇山合掌集落、日本海最大的富山灣以及魚獲相當豐富的冰見市，尤其富山灣被稱為鮮美海味的寶庫，冬季寒鰤魚、白蝦及螢光烏賊和富山黑拉麵都是必嘗的美食。此外，高岡市和冰見市分別是哆啦 A 夢兩位作者「藤子不二雄」的故鄉，隨時隨地都能見到哆啦 A 夢的蹤影唷！

　　富山市標榜是一個隨處都能眺望立山連峰的城市，也是旅遊立山黑部必經之地，但很多遊客只是來富山轉車，最多住上一晚，然後搭早班車離開，並沒有多餘時間遊玩富山。其實富山縣內有 3 座北陸新幹線車站（黑部宇奈月溫泉、富山、新高岡），主要是富山的地理位置極佳，除了鐵道外，市內還有便捷的路面電車和萬葉線，以及開往世界遺產五箇山合掌造聚落的高速巴士。若想暢遊北陸，可將富山市當成重要據點，期間來回至其他鄰近城市旅行。

  石川縣 金澤  石川縣 能登半島  富山縣 新高岡  富山縣 冰見、雨晴海岸  富山縣 富山 富山縣 立山・黑部

# 遊賞 // 富山市玻璃美術館／富山市ガラス美術館

富山為什麼會設立玻璃美術館？因為富山早期是日本的「藥都」，有許多聞名日本的製藥工廠，當時藥品又多以玻璃罐裝，所以製作玻璃的技術便變得相當發達，甚至創作出獨特的玻璃藝術，藉由玻璃美術館不僅展示名家作品，也提供市民展出及交流。

而外觀別出心裁的「富山市玻璃美術館」由日本知名建築大師隈研吾精心打造，運用大量玻璃、木材等不同建材巧妙組合，取立山為設計靈感，營造出明亮舒適的空間，館內結合市民的圖書館與公共展覽空間，就算不是專程為玻璃藝術而來，也值得來欣賞這棟完美的建築作品。

◆ 交通：富山路面電車「西町」下車

◆ 開放時間：10:00 ～ 18:00

◆ 休館日：第一、第三週星期三

◆ 門票：200 日元（圖書館免費入館）

◆ 網址：toyama-glass-art-museum.jp

黑部宇奈月
溫泉
富山縣

長野
長野縣

輕井澤
長野縣

高崎
群馬縣

北陸 新幹線

076
077

以水為主題的「富山富岩運河環水公園」，是一個能同時欣賞富山大自然以及感受富岩運河歷史的休憩景點，廣大面積結合了綜合體育館、圖書館，運河兩側設有人行步道，正前方的「天門橋」及「展望塔」是富山富岩運河環水公園的地標。運河旁的星巴克就是由日本網友票選出來號稱「全日本最美的星巴克」，這間店已成為富山市超人氣的觀光景點，也幾乎是每位臺灣遊客前來喝咖啡的好地方。晚間的天門橋及展望塔在霓虹燈的牽引之下，閃閃發光，增添不少浪漫的氣氛。

◆ 交通：JR 富山站北口約徒步 16 分鐘
◆ 星巴克營業時間：08:00 ～ 22:30
◆ 富山富岩運河環水公園：www.kansui-park.jp

石川縣 金澤
石川縣 能登半島
富山縣 新高岡
富山縣 雨晴海岸、冰見
富山縣 富山
富山縣 立山・黑部

## 遊賞 ‖ 富山城址公園

　　位在市中心「富山城址公園」，是 400 年前富山城的遺址，目前是富山市民休閒活動的場所。春天時護城河兩旁會有許多盛開的櫻花，公園旁的松川遊船是北陸著名的賞櫻景點。富山城天守閣裡面設有富山市鄉土博物館和佐藤紀念美術館，想深入了解富山的歷史文化，可來這參觀。

◆ 交通：富山車站徒步 10 分鐘
◆ 門票：免費（富山市鄉土博物館和佐藤紀念美術館
　收費）
◆ 富山旅行指南：foreign.info-toyama.com/tw

## 建議玩法 ‖

　　遊玩富山，可安排 2 種路線：
◆ 抵達富山，先將大型行李放置旅館，隨後搭乘「富山電鐵」至宇奈月溫泉，欣賞黑部峽谷的大自然景觀與泡湯之旅；又或者選擇再搭乘「黑部峽谷鐵道」深入峽谷祕境旅遊，下午回到富山市區，逛逛富山城址公園或玻璃美術館，晚餐就選擇富山黑拉麵或炸白蝦飯，餐後可以到富山富岩運河環水公園，在全日本最美的星巴克喝杯咖啡。
◆ 以富山為住宿點，當日來回富山→冰見→高岡 1 日遊行程，搭冰見線著名「忍者哈特利觀光列車」至雨晴、冰見車站，再搭巴士到冰見漁港外市場的「冰見番屋街」品嘗富山灣的海鮮，若遇上晴天就建議去搭乘遊覽富山灣的觀光船，從海上欣賞立山連峰的絕景，回程經過高岡去看高岡大佛，最後回到富山住宿即可。

## 富山地方鐵道

　　JR 富山站旁緊鄰著電鐵富山車站，其「富山地方鐵道」是富山市重要的私鐵，主要本線運行〔電鐵富山站→宇奈月溫泉〕，立山線則運行〔寺田站→立山站〕是富山通往立山黑部入口處〔立山站〕主要的鐵道路線，如果持有「立山黑部阿爾卑斯山套票」就可以先在電鐵富山車站兌換車票與預約車次。自從北陸新幹線開通後，可直接轉搭富山地方鐵道的就有 2 個新幹線車站「富山站」和「黑部宇奈月溫泉」，富山地方鐵道也增設了「新黑部站」來迎接搭乘新幹線的遊客，富山縣的交通建設十分完善。

## 美食推薦 |||

## 黑拉麵

　　「黑拉麵」是富山縣拉麵的特色，以濃味醬油做為湯底，是鹽分濃度相當高的一碗拉麵。

## 炸白蝦飯

　　白蝦（白えび）就是富山灣特產之一，透明鮮美的白蝦被稱為富山的寶石。富山車站 1 樓內的白えび亭，炸白蝦飯相當受到歡迎。

## 鱒魚壽司

　　日本最受歡迎的富山名產鱒魚壽司，淡紅色的鱒魚肉片壓在醋飯的圓形壽司，連續好幾年獲得冠軍的車站便當。

## 富山灣鮨

　　日本有句俗話說「不到富山不知頂級壽司的美味」，指的就是富山灣頂級品牌壽司「富山灣鮨」，主要是採用富山灣捕獲各種時令魚類所做成的極品壽司，在富山市壽司店都有這道「富山灣鮨」。特色就是一份套餐約 10 貫壽司，價格落在 2,000～3,500 日元上下，使用富山灣當季新鮮海產與富山縣的米，加上一碗富山縣特色的湯。

富山縣

立山・黑部

Tateyama Kurobe
Alpine Route

交通方法：

**【北陸新幹線】**東京～富山約 2 小時 8 分

**【特急雷鳥 + 北陸新幹線】**大阪～富山約 2 小時 59 分

**【名鐵巴士】**名古屋～富山約 3 小時 37 分

**【富山地方鐵道】**富山～立山約 60 分鐘

**【路線巴士】**扇澤～信濃大町約 40 分鐘

· 立山黑部阿爾卑斯山脈登山路線開放時間：4 月 16 日～
  11 月 30 日，冬季封山不得進入。

· 立山黑部阿爾卑斯山路線：www.alpen-route.com/index.php

· 阿爾卑斯山套票購票網址：www.alpen-route.com/tw

　　向來有日本阿爾卑斯山之稱的「立山黑部」，是一條連接富山縣立山站和長野縣扇澤站的道路，以四季變化的大自然山岳景觀聞名於世，是日本中部最壯麗的山岳遊覽路線，高低落差達 2,400 公尺，禁止一般車輛進入，所有遊客都必須搭乘 6 種低汙染、無公害的環保交通工具，包括登山纜車～高原巴士～隧道無軌電車～空中纜車～登山纜車～隧道無軌電車不斷移動接駁，才能橫越立山黑部阿爾卑斯山脈路線（Alpine Route）。這段辛苦打造的路線最早是為了搬運黑部水庫的建材而建，一直到黑部水壩完工後才開放供遊客參觀，每年開放觀光時間為 4 月 16 日～11 月 30 日，主要是入冬後的雪量驚人，會因積雪過深而在 11 月底封山，到了隔年 4 月才再度開山（每年開放期間依官網公告為準）。

　　一開始就打算前往立山黑部旅遊，基本上都會購買 JR 東海出的「立山黑部阿爾卑斯山套票（立山黑部アルペンきっぷ）」，有效期限是 8 天，以 JR 路線來看，包含由出發地（名古屋、大阪、京都）搭乘新幹線或特急至立山黑部入口處（富山、信濃大町）的單向交通費，立山～扇澤之間的阿爾卑斯山脈路線不限次數上下車。這套票只要不走回頭路，山上的 6 種交通工具在有效期內可不限次數搭乘，若打算在立山住上一晚，絕對要購買立山黑部阿爾卑斯山套票。

　　許多人聽到立山黑部昂貴的交通費後，就不安排上山了，其實想省錢還是有辦法的，只要目標明確，可依上述「立山黑部阿爾卑斯山套票 8 日券」來規劃旅遊路線，會比較划

石川縣 金澤　石川縣 能登半島　富山縣 新高岡　富山縣 冰見、雨晴海岸　富山縣 富山　富山縣 立山・黑部

算。遊玩立山黑部並非一定要橫越整段阿爾卑斯山路線，有朋友只想從富山到堂室，單純玩立山黑部最有名的「雪之大谷」就下山，當然可以，只要在富山或立山車站指定購買這段路線的來回票就好，雖然來回票就是基本票價乘以 2，但也不失為一種省錢的方法，也適用於遊玩過多次立山黑部路線的遊客。

2016 年起，JR 東日本和 JR 西日本為促銷北陸新幹線和北陸拱型鐵路周遊券，推出比實際金額更優惠的「立山黑部加購票」，有效期限是 5 天，從電鐵富山站或 JR 長野站進出都可以（電鐵富山站→立山黑部阿爾卑斯山脈路線→ JR 長野站），為單方向有效票──所有的交通工具只能單向搭一次，不可來回使用或中途折返，買票當下必須指定上立山黑部的日期，是一張很划算的加購票。

## 建議玩法 ‖‖

　　凡持著「立山黑部阿爾卑斯山套票」搭乘 6 種交通工具橫越立山～扇澤，首先必須在富山或立山站的售票窗口，劃到第段的立山登山纜車乘車整理券。到「美女平」後的交通工具都不再需要預約，除非是想中途下車到「彌陀之原」走走，從「彌陀之原」到「堂室」這段，因為搭車人少，必須特別再跟車站預約搭車時間。建議大家抵達每一站時先跑售票窗口，確認下班車的時間有無異動，再放心離站到附近遊玩。

　　若想避開團體人潮盡量早點出發，在山上若遇到天氣驟變（大風、大雨），車站會立即公告暫停營運牌子，得隨時注意現場情況。某些轉乘站若遇遊客太多時，工作人員會發放乘車整理券，依號碼順序排隊搭乘，最重要的是所有的票券都不能遺失，包括車票與號碼牌。這裡的交通工具隨便一段都日幣千元起跳，最好的辦法是準備一個小防水袋，免得不小心遺失票券。

　　看似「簡單」的立山黑部，如果沒有完整的地理概念肯定一頭霧水，老實說我第一次來也是傻傻的跟旅行團跑了一圈，領隊總是耳提面命，在每一個轉乘站拜託大家別走散。所以一進到立山黑部路線，可拿一份完整的乘車時刻表隨身攜帶，不管是跟團或自助，都是搭乘相同的 6 種環保交通工具——無論是搭乘無軌電車前往大觀峰觀賞立山群峰，或是漫步於黑部水壩之上欣賞黑部湖的自然景色，一整天下來起碼要 6～8 小時才能跨越立山到黑部，每站都會打出最終發車班次，一定要特別注意。一般旅行團都是當天進出，而自助旅行最大的好處是可以選擇在山上旅館住一晚，若能住在「離星星最近的車站」室堂站周邊的旅館過夜，利用清晨時間走走「御庫裏池」一周健行路線，就有充裕的時間好好欣賞立山大自然美景。

金澤 石川縣 ｜ 能登半島 石川縣 ｜ 新高岡 富山縣 ｜ 雨晴海岸、冰見 富山縣 ｜ 富山 富山縣 ｜ 立山・黑部 富山縣

## 住宿

　　立山山上並沒有多少間旅館，主要集中在室堂、彌陀之原間，基本上房價不會太便宜，設備也不算很頂級，但四周有得天獨厚的美景，凡是住過的人都讚不絕口！

◆ 彌陀之原飯店：能眺望到富山平原。（在彌陀之原下車→徒步 2 分鐘）

◆ 國民宿舍天望「立山莊」：日本最高峰的國民宿舍。（在彌陀之原下車→徒步 5 分鐘）

◆ 立山飯店：被稱為距離星星最近的度假飯店。（在室堂站下車→徒步 2 分鐘）

◆ 立山室堂山莊：可一邊泡湯一邊欣賞雄偉壯觀的群山全景，夜晚的星光有如淋浴般的灑滿天。（在室堂站下車→徒步 15 分鐘）

◆ みくりが池溫泉：日本第一高的秘湯溫泉。（在室堂站下車→徒步 12 分鐘）

◆ らいちょう溫泉雷鳥莊：主打可觀賞滿天星星。（在室堂站下車→徒步 30 分鐘）

◆ 雷鳥沢ヒュッテ：有 24 小時溫泉。（在室堂站下車→徒步 40 分鐘）

## 【室堂→立山主峰→大觀峰】搭乘立山隧道無軌電車，所需時間 10 分鐘

　　是日本最高的隧道，主要貫穿立山主峰下的隧道，在標高海拔 2,450 公尺中行駛，由於使用電力，不排出任何廢氣，能讓環境不受汙染。

　　下車後好玩的景點有：

◆ 大觀峰站：屋頂展望臺上可眺望日本阿爾卑斯山脈及黑部水庫之壯觀全景。

## 【大觀峰→黑部平】搭乘立山空中纜車，所需時間 7 分鐘

　　從大觀峰前往黑部平，搭乘的是日本最長的架空纜車，途中沒有任何柱子支撐卻不搖晃，就像是移動的展望臺，可 360 度俯瞰一望無際的立山與黑部湖的美景。立山山脈與纜車的景觀，是立山黑部經典的代言照片。

下車後好玩的景點

◆ 黑部平：戶外的黑部平庭園除了能鳥瞰黑部湖外，還能欣賞黑部平到大觀峰之間遼闊的田野景色。黑部平也是秋季賞楓的熱門景點。

◆ 秋季必拍絕景：從滿山楓葉上通過的立山空中纜車。

## 【黑部平→黑部湖】搭乘黑部登山纜車，所需時間 5 分鐘

　　為保護立山黑部的自然景觀，避免雪崩而設計 45 度的電車，且順應陡峭的坡度，車廂內設置階梯式座位。此為日本唯一全線都從地下通過的電纜車。

## 【黑部湖→黑部水壩】徒步走過水壩上方，所需時間 15 分鐘

走出車站約 15 分鐘，可抵達「黑部水壩」，是日本最高、最大的拱形水庫，登上 220 階的展望臺可眺望雄偉的山峰景觀。

下車後好玩的景點

◆ 黑部水壩：夏季必看，日本最高的拱形水庫洩洪，每年 6/26 ～ 10/15 日會進行每秒 10 噸以上的觀光放水，其洩洪的震撼力不僅在日本，在全世界也算屈指可數。

◆ 水庫展望臺：黑部水壩最高的地方，可居高臨下觀賞黑部水壩洩洪。

◆ 殉職者慰靈碑：辛苦的勞工紀念碑。

◆ 黑部湖遊覽船：不坐可惜，在日本海拔最高的黑部湖上享受乘船遊覽的樂趣，夏季限定的遊黑部湖遊覽船（Garube），開船期間約 6/1 ～ 11/10，營業時間 9:00 ～ 15:00，票價成人 1,080 日元、兒童 540 日元，乘船時間 30 分鐘，可盡情欣賞黑部湖岸風光。

◆ 黑部水壩休息站：有著日本極為出名的「黑部水壩咖哩飯」。

## 【黑部水壩→扇澤車站】搭乘關電隧道無軌巴士，所需時間 16 分鐘

總長超過 6.1 公里的隧道，主要為建設黑部水壩時運送材料而挖掘，途中的藍色燈路段是當年開鑿最困難的碎岩層地帶。行駛的無軌巴士是採用電能而非石油，能減少對環境的破壞。

◆ 扇澤車站：長野縣通往黑部大壩的入口處，先在 1 樓購買或兌換阿爾卑斯山脈路線車票，2 樓有餐廳和商店，3 樓便是無軌巴士的乘車處。

◆ 注意事項：每一站有都會有末班車的公告訊息，千萬不要錯過時間喔！

黑部宇奈月 富山縣 溫泉

長野 長野縣

輕井澤 長野縣

高崎 群馬縣

北陸 新幹線

090
091

以下是我實際走過的立山黑部一日時間規劃，每站都有預留步道健行的時間，沒那麼匆忙趕車，提供給大家參考。只是每季發車時刻會有異動，出發前務必查明當月正確發車時刻表喔！

◆ 電鐵富山（07:20 發）→往立山（08:24 達）

◆ 立山（08:40 發）→彌陀之原（09:30 達）：彌陀之原～立山火山口展望臺路線 600 公尺，散步時間約 25 分鐘。

◆ 彌陀原（10:30 發）→室堂（10:50 達）室堂～御庫裏池來回路線 600 公尺，散步時間約 30 分鐘。

◆ 室堂（11:45 發）→黑部湖（12:45 達）黑部水壩～輕盈快速路線 500 公尺，散步時間約 45 分鐘。午餐：黑部水壩 2 樓餐廳，日本知名度最高的黑部咖哩飯（黑部ダム咖哩）。

◆ 黑部水壩（15:35 發）→扇澤（15:51 達）

◆ 扇澤（16:00 發）→信濃大町（16:35 達）

◆ 信濃大町（17:19 發）→松本（18:11 達）（宿）

◆ 注意事項：持「立山黑部阿爾卑斯山套票」山上的 6 種交通工具，可不限次數上下車；若持「立山黑部加購票」山上的 6 種交通工具，只能單向搭乘一次。

*美食推薦* ///

來立山黑部 1 日旅遊，可以不用攜帶午餐上山，因為每個轉乘站都設有商店和食堂，可選擇的餐食種類還滿多樣化，供餐時間也是全天候，完全不用擔心會餓肚子。

## 立山蕎麥麵

室堂站內著名的立食蕎麥麵店，參觀完雪壁，最需要來碗熱呼呼的蕎麥麵。

## 黑部水壩咖哩飯

黑部水壩休息站 2 樓餐廳，以黑部水壩造型為構想，把米飯堆成拱形水壩狀，再將波菜綠咖哩調成咖哩湯汁當成水壩湖面。最有名氣的黑部水壩洩洪，則用馬鈴薯泥沙拉呈現；巴西里香菜是岸邊的樹；兩塊豬腰肉被當成黑部湖遊覽船，這份視覺效果一級棒的咖哩飯，配合黑部水壩開放時間，只在 4/10 至 11/30 期間販售，好吃喔！

立山そば
Tateyama Soba

白海老かき揚げそば ¥850
Soba with glass shrimp fritters

肉ごぼうそば ¥850
Soba with cooked pork and burdock

¥750
Soba with wild vegetables and mushrooms

¥750
Soba with deep fried tofu

温泉卵 ¥100
Half boiled egg

ますの寿司 ¥250
Trout salmon pressed-over rice

　　宇奈月溫泉有鐵道迷最嚮往的祕境鐵道「黑部峽谷鐵道」，搭乘小火車一路欣賞黑部峽谷美麗又險峻的深 V 字峽谷地形。從宇奈月溫泉站到黑部峽谷終點站櫸平站，行車距離 20.1 公里，車程 1 小時 20 分，共穿過 41 座隧道及 21 座橋，經過 10 個車站，一般乘客只能在「宇奈月、黑薙、鐘釣、櫸平」這 4 個站上下車，每次搭乘須特別注意回程時刻表，因為車班沒有很頻繁，最好下車時就立即預約回程的車班會比較保險。

　　黑部峽谷小火車，全席採預約制，共有 3 款車廂，開放型的「普通客車」沒有窗戶，座椅是一整排，椅子也沒靠背。無窗戶的觀光小火車基本票價 1,710 日元，有窗的再依車廂等級個別加價，特別客車 4 人一排、有窗，加 370 日元；逍遙客車 3 人一排、有窗，加 530 日元。鐵道小火車出發前，都有工作人員拿著單眼相機幫乘客拍照，回程時在車站出口處就能看到洗好的紀念照片，覺得滿意再購買。

　　黑部峽谷最漂亮的季節在秋天的賞楓期，約 10 月中旬至 11 月中旬，楓葉從海拔較高處開始變紅，於 11 月上旬邁入最佳賞楓期。只是黑部峽谷的氣溫低於平地，若要搭乘沒有窗戶的小火車，記得穿著防風保暖的服裝。每年黃金週、八月節或賞紅葉期間的週六假日都會有滿滿的人潮，車票必須更提早預約喔！

## 黑部峽谷鐵道各站旅遊景點介紹

◆ 宇奈月溫泉站：宇奈月水壩，在車窗右邊可坐車欣賞。

◆ 黑薙站：後曳橋，在車窗上方可坐車欣賞。

◆ 鐘釣站：徒步 5 分鐘～鐘釣溫泉河原露天呂風（露天足湯區）。

◆ 櫸平站：徒步 3 分鐘～猿飛山莊（露天呂風）；徒步 20 分鐘～猿飛峽；徒步 50 分鐘～祖母谷溫泉。

◆ 注意事項：

　・黑部峽谷鐵路每年行駛期：5/1 ～ 11/30，冬季停止運行。

　・全席採預約制，詳細的車種與票價，請上官網查詢。

　・車票可提早 3 個月前預約。

　・黑部峽谷電車：www.kurotetu.co.jp

1~2 Photo by LLC

　　走過黑部峽谷鐵道車站前廣場，能見到一個往下通行的藍色階梯，由此往下可走到一個跟新山彥橋平行的觀景臺，往前看就是宇奈月著名的山彥橋。山彥橋以前是小火車走的橋，後來因為蓋了鮮紅色的「新山彥橋」，舊的山彥橋便廢棄不用，改成讓遊客行走的步道。新舊山彥橋毗鄰相伴，在秋季楓紅的黑部峽谷中襯托下，渾然天成的自然景觀令人難忘。

長野縣 長野 Nagano

交通方法：

【北陸新幹線】東京～長野約 1 小時 24 分

【篠ノ井線】松本～長野約 1 小時 32 分

【しなの鉄道線】輕井澤→長野約 1 小時 28 分

· 遊玩重點：地獄谷野猿公苑、善光寺

· GO! 長野縣官方觀光指南：www.go-nagano.net/tw

　　長野位在日本本州中心地理位置，古稱信濃國，現又稱信州。在日本通常會和附近兩縣一起稱「甲信越地區」（甲斐：山梨縣。信州：長野縣。越後：新潟縣），類似臺灣「桃竹苗地區」的概念，大部分日本民眾都稱呼長野為信州，難怪我們外國人會傻傻搞不清楚。

　　長野縣境內多是高原或盆地，以及海拔超過 2,000 公尺的高山，有日本的屋脊之稱，有許多冬季著名的滑雪勝地，也是少數的內陸城市，好山好水好風光的長野，被日本人票選第一名最想居住的城市。很多北陸著名觀光景點也都位於長野縣境內，包括立山黑部阿爾卑斯山脈路線、上高地、松本、輕井澤等。若單純以長野車站周邊來規劃 1 日旅遊，那麼「地獄谷野猿公苑」泡溫泉的雪猴（Snow Monkey）就千萬不能錯過，被外國人票選為前十大日本最想造訪的美景，總是吸引大量歐美觀光客慕名而來！

## 遊賞 ∥ 地獄谷野猿公苑

　　因為冬天泡溫泉的猴子聲名大噪的「地獄谷野猿公苑」，讓雪猴 Snow Monkey 成了世界觀光的焦點，被外國人票選為前十大日本最想造訪的美景，來到這裡你會發覺歐美遊客特別多，每年總有數十萬人不遠千里迢迢走到地獄谷，就為了看一眼猴子泡溫泉那慵懶舒服、臉紅通通的可愛模樣。

◆ 交通：

　　【長野電鐵】〔長野線〕→湯田中站下車，轉搭長電巴士
　　　　　　　　〔上林線〕→上林溫泉站下車徒步 30 分鐘
　　【長電巴士】長野→地獄谷溫泉約 40 分鐘，車資 1,400 日元

◆ 開放時間：冬季（11 ～ 3 月）09:00 ～ 16:00
　　　　　　夏季（4 ～ 10 月）08:30 ～ 17:00

◆ 門票：大人 500 日元（兒童半價）

◆ 網址：jigokudani-yaenkoen.co.jp

## 看猴子泡溫泉的優惠套票：野猿公園 Snow Monkey Pass 1 日券（包含野猿公苑門票）

◆ 票價：大人 2,900 日元、兒童 1,450 日元，以下區間長野電鐵、長電巴士自由搭乘

- 長野電鐵：長野線全線（包含特急券）
- 長電巴士：急行巴士—志賀高原線〔長野車站東口～上林溫泉口〕
- 長電巴士：路線巴士—奧志賀高原線、白根火山線〔湯田中車站～上林溫泉口〕
- 長電巴士：路線巴士—上林線〔湯田中車站～上林溫泉〕

◆ 長野電鐵：www.nagaden-net.co.jp

## 長野冰雪度假村通票：Nagano Snow Resort Pass 2 日券（不含野猿公苑門票）

　　長野電鐵有針對外國人推出一張「長野冰雪度假村通票（Nagano Snow Resort Pass）」2 日券，不含野猿公苑門票。以長野車站為中心，包括白馬、長野、戶隱、野澤溫泉、雪猴、湯田中溫泉在內的對象，兩日內路線及區間的電車巴士不限次數搭乘的通票。這種通票最適合以冬季滑雪或觀光為目地來訪長野的遊客。

◆ 售票地點：長野電鐵長野車站

◆ 票價：大人 5,000 日元（兒童半價）

## 持 JR 東京廣域周遊券看猴子泡溫泉

　　若持有「JR 東京廣域周遊券」想到地獄谷野猿公苑遊玩，可能要認真計算一下交通費的問題，周遊券最靠近長野的是 JR 佐久平站，光搭乘新幹線〔佐久平→長野〕需補票價 3,530 日元，再加上長野電鐵一連串車資，若以來回車票計算，等於看一次猴子泡溫泉要多花 10,000 日元，值不值得付錢就看個人。

　　比較節省車資的方法是從輕井澤搭普通電車〔輕井澤→長野〕票價 1,640 日元，長野電鐵〔長野→湯田中〕票價 1,160 日元，長電巴士〔湯田中→上林溫泉〕票價 310 日元，會比利用新幹線來得便宜一點點。

金澤 石川縣 能登半島 石川縣 新高岡 富山縣 冰見、雨晴海岸 富山縣 富山 富山縣 立山 黑部 富山縣

北陸 新幹線

黒部宇奈月 温泉 富山縣

長野 長野縣

輕井澤 長野縣

高崎 群馬縣

102
103

金澤
石川縣

能登半島
石川縣

新高岡
富山縣

雨晴海岸
冰見、
富山縣

富山
富山縣

立山・
富山縣

黑部

## 冬天前往地獄谷野猿公苑的穿著

從地獄谷入口到地獄谷野猿公苑需徒步 30～50 分鐘，冬季防滑保暖的措施不可少，因為山路積雪不好走，建議穿著防水、鞋底齒痕深的鞋子（雪靴、雨鞋都可以），或套上雪爪（防滑鞋套）以避免滑倒。穿著方面看個人，可有基本的防風保暖，比較怕冷就再帶上暖暖包，戴頂毛帽也不錯——因為路上樹上的積雪偶爾會突然崩塌下來，須多加小心。進入野猿公苑前有遊客告示牌：千萬不要離猴子太近；也不要一直盯著猴子的眼睛看；不要伸手摸猴子；不要給猴子看到食物或餵食牠們，大家一定要遵守。最後提醒搭車時間一定要掌握好，錯過一班車要多等 1 個小時喔！

## 遊賞 ‖ 信州澀溫泉

離地獄谷野猿公苑很近的「信州澀溫泉」，有 1,300 年歷史，以茶褐色的名湯聞名，迷人的溫泉老街上，有 35 間古色古香的木造溫泉旅館散布其中。想要體驗澀溫泉的樂趣，就不能錯過九湯尋訪「信州澀溫泉巡浴祈願」，在澀溫泉街設有 9 間公共浴場，取名一番湯到八番湯和結願湯，共 9 間外湯，是當地人每天會泡的溫泉。一般遊客可以先在旅館或商店買一條日幣 300 元的巡浴祈願巾，照著番號連泡 9 間具有不同療效和不同水質的溫泉，順便蓋章，蓋滿 9 個番湯章，再爬上 78 階的「藥師庵」參拜，就能保佑消災解厄、安產育兒、長生不老喔！

◆ 交通：長野電鐵〔長野線〕→湯田中站下車，
　　轉搭長電巴士〔上林線〕7 分鐘→澀溫泉入口
　　下車

◆ 泉質：氯化物泉、單純泉

◆ 功效：風溼、肝病、火傷

◆ 入浴券：500 日元

◆ 網址：www.shibuonsen.net

## 遊賞 ‖ 善光寺

　　長野的象徵「善光寺」是信州最著名的寺廟，主要供奉 3 尊有 1,400 年歷史的日本最古老佛像。善光寺正式名稱為「信州善光寺」，自古以來深受百姓所信仰，來自日本全國的參拜者絡繹不絕。江戶時期曾流傳著，這輩子如果沒有去長野善光寺參拜一趟，死後將無法到極樂世界的傳說，成為那時期日本人一生必去的寺廟。這裡值得注意的是山門上善光寺匾額，「善光寺」三字裡藏有 5 隻鳩，「善」字最上兩劃為鴿子樣稱為「鳩字の額」，讓善光寺更聲名遠播。

◆ 交通：長野站前搭巴士 10 分鐘或徒步 25 分鐘
◆ 開放時間：05:30 ～ 16:30
◆ 門票：免費。進入正殿、史料館，大人 500 日元
◆ 網址：www.zenkoji.jp

## 遊賞 ‖ 信州美食蕎麥麵

　　說到信州，就不得不提蕎麥麵。由於蕎麥相當適合栽種於高冷地帶，而信州剛好晝夜溫差大，自古以來就是著名的蕎麥產地，與蕎麥麵有非常深厚的淵源，在信州善光寺前參道上就有多家知名蕎麥麵老店，長野縣各地也經常舉辦蕎麥麵祭典活動，總是能吸引大量的遊客前往，到信州，請來一碗蕎麥麵吧！

石川縣　金澤
石川縣　能登半島
富山縣　新高岡
富山縣　冰見、雨晴海岸
富山縣　富山
富山縣　立山・黑部

北陸 新幹線

高崎 群馬縣

輕井澤 長野縣

長野 長野縣

溫泉 黑部宇奈月 富山縣

106
107

長野縣 輕井澤 Karuizawa

交通方法：

【北陸新幹線】東京→輕井澤約 1 小時 18 分

【しなの鉄道線】長野→輕井澤約 31 分

・遊玩重點：輕井澤王子購物中心、舊輕銀座通、雲場池、白絲瀑布

・輕井澤王子購物中心、舊輕銀座通、雲場池、白絲瀑布

　　　　江戶時期的「輕井澤」是中山道上的一個宿場，因喪失宿場町功能而沒落，直到 1886 年夏天，加拿大傳教士 Alexander Croft Shaw 來訪，覺得此地景色很有故鄉多倫多的味道，便在此興建別墅。著名的樂團披頭四成員約翰・藍儂自披頭四解散後，到 1980 年去世為止，幾乎每年夏天都會攜眷來輕井澤度假。此外日本天皇明仁與皇后美智子 1958 年命運般的邂逅，正是在「輕井澤會網球場」，該地一躍成為日本著名的避暑勝地。

金澤 石川縣

能登半島 石川線

新高岡 富山縣

冰見、雨晴海岸 富山縣

富山 富山縣

立山・黑部 富山縣

# 遊賞 // 輕井澤 ‧ 王子購物中心

　　位於輕井澤車站的南邊「輕井澤 ‧ 王子購物中心」，是個大型的暢貨中心（Outlet），主要分為 10 個區域，近 240 家商店。匯集一些國際知名品牌如 Coach、BURBERRY、GAP、The North Face 高級與休閒風服飾都有，而深獲臺灣家庭主婦喜愛的法國名牌鐵鍋 LE CREUSET 因為這裡很便宜，帶動不少搶購熱潮，也有不少人是專程為了 Outlet 而來輕井澤，總之就是非常好買、非常好逛！

◆ 交通：輕井澤站南口徒步 5 分鐘
◆ 營業時間：10:00 ～ 19:00
◆ 網址：www.karuizawa-psp.jp/page

新幹線
北陸

高崎
群馬縣

輕井澤
長野縣

長野
長野縣

溫泉
黑部宇奈月
富山縣

108
109

金澤
石川縣

能登半島
石川縣

新高岡
富山縣

雨晴海岸、
冰見
富山縣

富山
富山縣

立山、
黑部
富山縣

## 遊賞 ‖ 輕井澤教堂／聖保羅天主教教堂

　　在輕井澤有相當代表性的「聖保羅天主教教堂」，優美森林搭配古典教堂，為木造與水泥石板混合的建物，曾經榮獲美國建築學會獎。許多日本名人喜歡選在這裡舉辦婚禮，使得輕井澤聖保羅教堂成為熱門的結婚場地，已超過一萬對新人在此許下終身的誓言。除了主日禮拜或是結婚典禮時謝絕參觀外，只要保持肅靜是可以自由入內參觀的。

◆ 交通：JR 輕井澤北口徒步約 25 分鐘
◆ 開放時間：07:00 ～ 18:00
◆ 門票：免費自由參觀

## 遊賞 ‖ 舊輕井澤銀座通

　　明治時期就相當繁榮的「舊輕井澤銀座通」，鋪設充滿歐洲風情的磚瓦路面，兩側林立著許多生活雜貨商店，三步五步就有果醬、蜂蜜、火腿製品等土產店。廣受遊客喜愛的有火腿名店「腸詰屋」，現烤德式香腸堡超有人氣；以信州水果做為原料的「澤屋果醬（Sawaya Jam）」標榜純天然製作是首選的伴手禮；約翰・藍儂最愛的麵包店「French Bakery」以法國麵包出名；「淺野屋麵包店」（ASANOYA 創始店）最適合現買現吃，這些知名商店全部都開在熱鬧的舊銀座通大街上。

## 遊賞 ‖ 雲場池

　　四季皆美的「雲場池」是個狹長型的水池，繞池漫步一圈約要 15 分鐘，池邊遍植落葉松與紅葉，是輕井澤著名的賞楓名所，每年 10 月下旬紅葉與水面倒影的火紅畫面，總能吸引著每位到輕井澤的遊客，聽說連日本天皇也很喜歡來這裡散步。

◆ 交通：JR 輕井澤北口徒步約 20 分鐘
◆ 開放時間：自由參觀

群馬縣

高崎

Takasaki

交通方法：

【北陸新幹線】東京～高崎約 51 分
【北陸新幹線】長野～高崎約 47 分

・ 遊玩重點：草津溫泉、伊香保溫泉、富岡製絲廠、少林山達磨寺
・ 群馬縣旅遊指南：www.visitgunma.jp/tcn/sightseeing/area5.php

　　高崎車站是群馬縣內最大車站，也是上越新幹線與北陸新幹線的分歧點，車站東口有高崎巴士中心和大型電器賣場，西口有百貨公司和多間商務旅館，如果來高崎轉車，不妨到車站東口的 E'site 走走，它是與車站結合的購物美食商場，1 樓的美食街有參賽得獎的義大利麵 SHANGO，和昭和 28 年創業的拉麵店；2 樓的甜點區也值得品遊。此外，高崎車站也是前往草津溫泉、伊香保溫泉與富岡製絲廠必經的車站，集合了東南西北各方路線，JR電車和巴士指標一目了然，就算第一次來高崎車站轉車也不怕迷路。

石川縣 金澤
石川縣 能登半島
富山縣 新高岡
富山縣 冰見、雨晴海岸
富山縣 富山
富山縣 立山・黑部

「草津溫泉」連續 13 年獲得「日本溫泉 100 選」第一名。草津溫泉的自然湧泉量，每分鐘自然湧出的泉水多達 4,500 公升，其規模堪稱日本第一，這裡的溫泉水質屬於 pH 值 2.1 的強酸性溫泉，有著優越的殺菌力與療效，但要小心不要滑倒或吸入溫泉嗆傷，泡完也要立刻沖洗。溫泉街中心的「湯畑（ゆばたけ）」是一種將溫泉水放涼的設備，也是當地最重要的象徵。大量湧出的溫泉水，水溫非常高，必須先透過長長的湯畑與空氣接觸自然降溫，再通過湯畑木製導管分送到各個溫泉旅館，因此許多旅館和商店群聚在湯畑附近，也是草津溫泉熱鬧的中心。草津溫泉除了泉質受到矚目，連傳統日式泡湯氛圍也相當受到民眾所喜愛。

◆ 交通：

　【JR 吾妻線 + 巴士】長野原草津口站，轉乘巴士至草津溫泉站下車，約 30 分鐘

　【JR 巴士】新宿南口～草津溫泉，約 4 小時 10 分

◆ 泉質：酸性硫磺泉

◆ 功效：一般適應症、傷口、慢性皮膚病、慢性婦科病、動脈硬化

◆ 草津觀光協會：www.kusatsuonsen-international.jp/zh

## 體驗草津風格泡湯法「時間湯」

　　來草津除了享受泡湯外，草津風格泡湯法「時間湯」和「湯揉（湯もみ）」也難得一見。時間湯是草津溫泉從古流傳至今的泡湯治療法，因源泉溫度高達 65 °C，需使用長木板不斷來回攪拌泉水散熱，讓水溫降低至適合入浴的溫度，而這個攪拌溫泉水的儀式就稱為「湯揉」。泡時間湯時，通常會先進行湯揉儀式再入浴。進行湯揉時，通常會搭配歌唱「草津節」及「草津湯揉之歌」，唱歌時使用的腹式呼吸也具有療養的功效。

著名的「湯揉（湯もみ）」的表演會館
◆ 地點：公共浴場「千代之湯（千代の湯）」
◆ 費用：入場券 560 日元
◆ 時間：9:00、11:00、14:00、17:00（1 天 4 次，開始前 5 分鐘集合）
◆ 定休日：每週一、每個月的第二和第四個星期二
◆ 自備物品：毛巾一條、大浴巾二條（建議大一點的浴巾較好）
◆ 現場有售：時間湯毛巾 200 日元，時間湯浴巾 700 日元
◆ 注意事項：
　　‧ 定休日如逢國定假日，則照常營業，在擇一平日補假。
　　‧ 體驗時間湯前需先測量血壓，聽口頭講解注意事項。

## 草津的免費足湯

　　草津的泉質是高溫強酸性、手腳只要泡幾分鐘也有溫浴效果。在湯畑前有座免費足湯「湯けむり亭‧湯畑前」，可以看著湯畑享受泡腳樂趣，不過需要自備毛巾擦腳。是能輕鬆感受草津溫泉魅力的足湯。

## 草津的日歸溫泉 1 日遊

　　號稱日本第一的草津溫泉，就算沒有住在草津，也能輕鬆享受日歸溫泉的泡湯樂趣，來到草津不妨體驗一下別具特色的混合浴和大露天浴池。
◆ 共同浴場：草津有 18 處共同浴場，是當地居民每天使用的浴池。其中「白旗之湯」、「千代之湯」、「地藏之湯」3 處開放給觀光客使用。邊泡溫泉還能和當地居民進行交流互動。

北陸 新幹線

群馬縣 高崎
輕井澤 長野縣
長野縣 長野
溫泉 黑部宇奈月 富山縣

116
117

◆ 大瀧乃湯：開店前 1 小時就開始排隊的人氣溫泉，從湯畑出發徒步 6 分鐘。
　　· 營業時間 9：00 ～ 21：00、費用成人 800 日元、兒童 400 日元、提供出租或販賣的毛巾。
◆ 西之河原露天浴場：草津最大的露天浴場，從湯畑出發徒步 13 分鐘。
　　· 營業時間 9：00 ～ 20：00、費用成人 500 日元、兒童 300 日元、毛巾另售。
◆ ThermeTherme（テルメテルメ）：具有種類豐富的溫泉和室內溫水泳池，從湯畑出發徒
　　步 15 分鐘。
　　· 營業時間 11：00 ～ 20：00、費用成人 1,340 日元、7 歲～ 12 歲 970 日元。
◆ 草津溫泉館：沐浴溫泉的同時還可以享受森林浴，從湯畑出發徒步 15 分鐘。
　　· 營業時間 10：30 ～ 19：00、費用成人 800 日元、兒童 400 日元。
◆ 御座之湯：廣受江戶至明治時代老溫泉客的喜愛。
　　· 營業時間 7：30 ～ 21：00、費用成人 500 日元、兒童 300 日元，可免費利用大廳。

## 草津溫泉交通資訊

　　草津溫泉交通方法有很多種，若使用「日本鐵路通票 JAPAN RAIL PASS」是可以免費搭乘開往草津的 JR 巴士，使用「JR 東京廣域周遊券」則可搭乘 JR 特急，但需另外支付巴士車資（670 日元）。想要快速的抵達草津溫泉，從東京新宿或由輕井澤搭乘直達高速巴士更是方便，以下就是前往草津溫泉的各種交通方法：

■ JR 特急 + 巴士：單程票價約 5,960 日元
　上野站（特急約 150 分）→長野原草津口（巴士 30 分）→草津溫泉。
■ 新幹線 + 巴士：單程票價約 8,110 日元
　東京站（新幹線約 60 分）→輕井澤（巴士 80 分）→草津溫泉。
■ 高速巴士：單程票價約 3,290 日元
　新宿西口巴士站（高速巴士約 250 分）
　→草津溫泉。
■ JR 特急 + 巴士：持 PASS 最常使用的路線，
　花費最少
　高崎站（特急約 88 分）→長野原草津口
　（巴士 30 分）車資 670 日元→草津溫泉。
■ 草輕巴士：單程票價約 2,200 日元
　輕井澤（巴士 80 分）→草津溫泉。

黑部宇奈月 溫泉
富山縣

長野
長野縣

輕井澤
長野縣

高崎
群馬縣

北陸 新幹線

118
119

　　「伊香保溫泉」自古遠近馳名，最具代表性的景觀就是入口處長達 365 階的「石段街」，沿著長長石板路拾階而上，溫泉街道兩旁多為傳統溫泉旅館、餐館、土特產商店和著名的湯之花饅頭店「田中屋」，溫泉街頂端是伊香保神社，站在鳥居下方可眺望整條石段街。近年因為日本電影《羅馬浴場》有前來此地拍攝取景，吸引不少年輕遊客前來朝聖。

　　伊香保溫泉擁有兩種泉水，一種是溫泉水中含有鐵質氧化後產生獨特茶褐色的「黃金之湯」，另一種是近年來湧出的「白銀之湯」，兩種名湯對於病後療養和恢復疲勞很有效果。除此之外，據説有許多不孕症婦人因泡伊香保溫泉而受孕，所以伊香保溫泉還有「子寶湯」的美譽。

◆ 交通：JR 上越線＋巴士「涉川站」3 番轉乘巴士，約 25 分鐘至「伊香保巴士終點站」下車

◆ 泉質：硫酸鹽泉

◆ 功效：一般適應症、傷口、燙傷、慢性皮膚病、動脈硬化

◆ 涉川伊香保溫泉觀光協會：www.ikaho-kankou.com

◆ 群馬縣旅行指南：www.visitgunma.jp/tcn/index.php

## 伊香保溫泉旅遊情報

◆ 伊香保溫泉周遊券：kan-etsu.net/publics/index/23

　　JR 高崎站和 JR 涉川站都有直達伊香保溫泉的巴士，不過由涉川站搭群馬巴士到伊香保溫泉的車資花費比較少，購買伊香保溫泉周遊一日乘車券 800 日元也比單程車資便宜許多（單程 570 日元），下車時直接跟巴士司機説要購買一日乘車券即可。我選擇在伊香保巴士終點站下車，離石段街很近，往上走可至伊香保神社，往下就是熱鬧的溫泉石段街，來到伊香保當然要享受一下泡湯的滋味，這裡的「石段之湯」浴場是由泉源直接供給，溫泉是茶褐色的「黃金之湯」，對神經痛及腰痛很有療效，1 樓可泡湯，2 樓是免費的日式休息室。回程的群馬巴士車班不太密集，購買 1 日乘車券的缺點就是當別的巴士也可以到 JR 車站時，你卻只能苦苦等待群馬巴士的到來。

　　泡湯基本的禮儀是，須先沖洗身體再進入泡湯池，毛巾禁止放入泡湯池裡。

　　在泡湯前、後應先喝水以促進體內的新陳代謝，補充體內流失的水分。另外，還有一種「半身浴」，就是只泡到胸部以下的部分，可以花稍微長一點的時間慢慢地泡，讓身體由內部溫暖起來，排出汗液，具有減重的功效。

## 遊賞 ∥ 少林山達摩寺

　　「高崎少林山達摩寺」為高崎達摩不倒翁的發源地。一般日本人視達摩為開運吉祥物，高崎達摩的特徵：眉毛是象徵長壽的仙鶴，鼻子到嘴下鬍鬚代表長壽的烏龜，有長壽福安之意，認為達摩可以祈求家中平安、金榜題名、締結良緣，是不可或缺的吉祥飾物。不少人喜歡趁新的一年買個尚未點睛的達摩不倒翁，許願時先畫上右眼，平安無事地度過一年後，或在願望達成時再畫上左眼，為不倒翁「開眼」。每年年底，人們把達摩不倒翁放到神社供奉，再購買新的重新許願，以致於少林山達摩寺內堆放著許多完成使命後被帶回的大大小小達摩不倒翁，數量之多蔚為奇觀。每年秋天，這裡也是著名的賞楓名所喔！

◆ 交通：JR 信越本線「群馬八幡站」徒步 15 分鐘
◆ 開放時間：9:00 ～ 17:30
◆ 參拜費用：免費
◆ 網址：www.daruma.or.jp

## 遊賞 ∥ 富岡製絲廠和絲綢產業遺產群

　　歷史悠遠的富岡製絲廠，是明治政府建造的日本第一座絲綢模範工廠，建築本身採用木柱，磚結構灰泥抹縫，以當時少見的施工方法建造，與縣內的另外 3 處絲綢產業並列遺產群，由於場地以及主要建築物至今仍保存完好，更於 2014 年「富岡製絲廠和絲綢產業遺產群」被列入世界遺產名錄中，稱得上是極具價值的寶貴文化遺產。

◆ 交通：上信電鐵「上州富岡站」徒步 15 分鐘
◆ 開放時間：9:00 ～ 17:00（受理至 16:30 止）
◆ 門票：大人 1,000 日元、學生 250 日元
◆ 富岡製絲廠：www.tomioka-silk.jp/hp/tcn/index.html

群馬縣內出產不少美味的山珍野味，加上高崎又是達摩不倒翁的發源地，所以高崎車站有著各式各樣的達摩造型便當，可愛的「Hello Kitty 達摩便當」、陶器製作的「復刻達摩便當」、滿臉通紅的「達摩不倒翁便當」等都是備受矚目的高人氣便當，而且這幾款達摩便當吃完後，都可以拿來當存錢筒使用，如果路經高崎車站，千萬別忘記買便當喔！

◆ 群馬高崎便當：www.takaben.co.jp

## 受注目的高崎車站便當

◆ **Hello Kitty 達摩便當／ Hello Kitty だるま弁当**

‧ 價格：1,000 日元

最可愛的應該是 2000 年與三麗鷗合作，特別設計的「Hello Kitty 達摩便當」，以造型取勝，是一款擁有超高人氣的車站便當。

◆ **達摩不倒翁便當／だるま弁当**

‧ 價格：1,000 日元

這款代表著群馬風味的便當，放入許多產自群馬的山產，豐富菜色下的「茶飯」，在米飯的炊煮過程中加入烘焙茶與醬油或高湯，吃來略帶清香，和蔬菜或雞肉都是絕佳搭配。便當盒是預示走運的無眼不倒翁形狀，亦可當做存錢罐使用。

◆ **復刻達摩便當／復古だるま弁当**

‧ 價格：1,500 日元

2006 年推出的米白色復刻達摩便當，可能因為達摩表情呈現得太過寫實，據說有許多小孩因而嚇哭。

◆ **上州 D-51 便當／上州 D51 弁当**

‧ 價格：1,000 日元

2011 年推出以蒸汽火車 SL D51 的圖案為造型便當，裡面裝入添加竹炭粉烹製而成的竹炭飯，和榛名豬肉叉燒等 11 種配菜，喜愛蒸汽火車迷必吃，只在高崎車站販賣。

北陸 新幹線

群馬縣 高崎

長野縣 輕井澤

長野縣 長野

富山縣 黒部宇奈月溫泉

124
125

交通方法：

**【JR 高山本線】**名古屋〜下呂約 2 小時 36 分

**【濃飛巴士】**高山〜下呂約 1 小時 10 分

· 遊玩重點：溫泉街上免費的「足湯」、一泊二食溫泉料理、溫泉蛋冰淇淋

· 下呂溫泉觀光協會：www.gero-spa.com/

· 下呂溫泉旅館情報：www.gero-spa.com/shukuhaku/

擁有 1,000 年以上的歷史「下呂溫泉」是日本首屈一指的古溫泉，因地處日本的中心，交通地理位置都極為方便，是飛驒地區很受歡迎的溫泉鄉。當地無色透明的優良水質含有滑潤肌膚成分，自古以來便吸引多數愛美女性前往。江戶時代的儒學家林羅山將「下呂溫泉」、「有馬溫泉」與「草津溫泉」並稱為天下三大名泉。

下呂溫泉溫泉的水質無色透明又帶有些微香氣，是貨真價實的天然溫泉。浸泡在溫和的熱水裡，可讓肌膚感覺如絲絹般滑嫩，其效用也受到醫學界的矚目，甚至廣泛利用溫泉進行復健和溫泉醫學的相關研究。

◆ 溫泉水質：單純溫泉

◆ 溫泉水溫：最高達攝氏 84 度

◆ 適合症狀：消除疲勞、風溼性疾病、神經麻痺、病後恢復期、運動器官障礙等

岐阜縣 下呂　岐阜縣 飛驒高山　岐阜縣 飛驒古川

來到下呂最推薦的就是溫泉街上多處免費的「足湯」，只需準備一雙輕便穿脱的鞋子和一條用來擦乾雙腳的毛巾，便能隨時隨地體驗溫泉街上 24 小時開放的免費足湯。這裡的水質不用擔心泡腳過久會出現不舒服的症狀，可以盡情享受泡湯，等到疲勞消除了再開始散步，這就是下呂溫泉流行的逛街方式。以下介紹免費足湯：

## 鷺之足湯／鷺の足湯

下呂溫泉最早建造的足湯「鷺之足湯」。根據白鷺傳説，700 年前藥師如來化身成白鷺，降臨在此溫泉湧出處告知村民因而得名。雖然只有簡單的木造水槽和附遮雨棚的長椅，因地點方便相當受到歡迎，是常被拍成下呂宣傳海報的足湯。

◆ 地點：中央停車場旁
◆ 開放時間：24 小時

## 維納斯足湯／ビーナスの足湯

「維納斯足湯」白色歐式建築令人印象深刻，以白色維納斯像作為地標，造型別緻深受女性及遊客歡迎。

◆ 地點：白鷺之湯玄關前
◆ 開放時間：24 小時

## 足湯之里／ゆあみ屋の足湯

座落於溫泉街中心白鷺橋畔旅館會館 1 樓的大圓形足湯，除了可以輕鬆體驗溫泉，館內也附設咖啡廳和紀念品商店，包括超人氣的溫泉蛋冰淇淋，一邊泡足湯一邊享用冰淇淋是很愉快的體驗。

◆ 地點：白鷺橋畔，旅館會館 1 樓
◆ 開放時間：24 小時
◆ 公休日：星期三

### 雅之足湯／雅の足湯

在溫泉街下呂雅亭皇家飯店入口玄關旁邊設置的足湯，免費開放給住宿房客以外的遊客使用，因地理位置高，泡著足湯時可觀望溫泉街上的逛街人群，是視野絕佳的地點。

◆ 地點：下呂雅亭皇家飯店玄關旁

◆ 開放時間：24 小時

### 猴寶寶黃金之足湯／さるぼぼ黃金の足湯

離足湯之里不遠處即可看到很大隻的七福神 Q 版雕像，走進裡面有間小小的猴寶寶七福神社，神社前有一池金色足湯，邊泡腳邊看著四周超可愛的七福神，泡完足湯後運氣會提升喔！（猴寶寶相關說明，可參看 P.134）

◆ 地點：足湯之里湯浴屋旁邊

◆ 開放時間：9:00 ～ 21:00

### 遊賞 ‖ 下呂發溫泉博物館

是日本罕見以溫泉為主題的博物館，展示內容包括「溫泉的科學」、「溫泉的文化」、「歡迎來到下呂溫泉」、「溫泉博士的房間」、「趣味溫泉挑戰」等五個區域，可以學習溫泉相關知識，館外並設有簡單的足湯區「藥師足湯」，是一間可以學習到很多溫泉知識的博物館。

◆ 營業時間：9:00 ～ 17:00

◆ 休館日：每周四休館

◆ 門票：大人 400 日元、兒童 200 日元

### 建議玩法 ‖

有機會來到貴為日本三大名泉之一的下呂溫泉，當然不能錯過這個首屈一指的溫泉勝地。喜歡泡湯的旅客，可以購買下呂溫泉有名的共通泡湯通行證「湯名人手形（湯めぐり手形）」，一枚 1,300 日元，可自由選擇下呂溫泉街道上三家喜歡的旅館湯屋，享受泡湯的樂趣。當然，若能住上一晚，親自享受溫泉飯店的服務與品嘗溫泉料理滿滿的幸福感；若不打算住宿，僅到下呂來泡泡足湯或泡個日歸溫泉也算是滿好的體驗。

岐阜縣 下呂

岐阜縣 飛驒高山

岐阜縣 飛驒古川

交通方法：

【JR 高山本線】富山→高山約 1 小時 54 分

【濃飛巴士】名古屋→高山約 2 小時 30 分

· 遊玩重點：上三之町、高山陣屋、宮川朝市、高山祭屋台會館、
  飛驒牛

· 高山市觀光情報：http://kankou.city.takayama.lg.jp/index.html

　　「高山」古地名為飛驒，所以在高山旅遊偶爾也會看到「飛驒高山」這個地名，目前是日本面積最大的城市，相當於東京都的大小。曾榮獲米其林旅遊評選為遊日必到的觀光勝地，除了擁有高人氣的高山祭慶典活動外，高山還保有珍貴的舊日本街道，每年都能吸引來自世界各地的遊客來此觀光，值得一提的是當地的飛驒牛肉非常好吃，是那種吃過就會難以忘懷的美味。。

　　著名的「高山祭」，是岐阜縣每年固定舉辦的祭典，被喻為日本最美麗的三大祭典之一，每年春秋兩季進行，總是能吸引大批觀光客湧入高山市。想進一步了解高山慶典，卻又無法親眼看到高山祭的朋友，可以至櫻山八幡宮境內的「高山祭屋台會館」購票參觀。而高山最熱門景點，首推「上三之町」的老街和兩個朝市（陣屋朝市及宮川朝市）。此外，飛驒國分寺、高山市鄉土館、櫻山八幡宮也很值得參訪，若能停留較長時間，前往高山郊外的「飛驒民俗村飛驒之里」走走看看也不錯！

## 遊賞 // 高山老街

重要傳統建築群保護區「高山老街」，保有傳統日式建築風格，自古以來一直是飛驒地區經濟重鎮。高山老街主要所在區域包含上一之町、上二之町、上三之町通稱「三町」，被選定為重要傳統的建造物群保存區。

三町中就屬上三之町最熱鬧，是高山最具代表性的街道，有「飛驒的小京都」之稱。樸素的老街兩側盡是日本江戶時代風味的木造老房，街上林立酒廠、味噌店、土特產店，還能品嘗在地的高山小吃，小攤的飛驒牛烤肉串、夏季的冰凍蜜柑、飛驒牛壽司等人氣小吃，吃喝玩樂應有盡有，上三之町可說旅遊高山絕不可錯過的景點。

高山老街每天約下午 5 點就會陸續打烊，入夜後的高山老街家家戶戶門前微弱的燈光，營造出的寧靜懷舊氣氛就是遊客所喜愛的傳統街景。

## 遊賞 // 高山陣屋

「高山陣屋」建於 18 世紀，是德川幕府直接設立的地方行政官府。所謂「陣屋」指的是江戶時期的行政中心，因為該陣屋位於高山市，故稱「高山陣屋」，為日本唯一現存的舊式官府史蹟，名列國家級古蹟，極具參觀價值。

◆ 開放時間：8:45 ～ 17:00
◆ 門票：大人 430 日元、兒童免費
◆ 休館：12/29、12/31、1/1

宮川朝市

## 遊賞 ‖ 陣屋朝市、宮川朝市

　　高山最有名氣的兩個朝市分別是「陣屋朝市」與「宮川朝市」，早在明治時代（約100年前）當地農家主婦們就將自己種植的蔬果、手工釀製的朴葉味噌拿到市場上販賣，逐漸形成熱鬧的早市，現已成為高山市必遊景點。朝市內可試吃老太太做的醃菜，也能買到手工縫製的猴寶寶，絕對值得早早起床跑來逛朝市。一般而言接近中午時間部分攤販會開始收攤，下雨天或太寒冷時，擺攤的商家明顯會比平常少，也會提早收市。

◆ 開市時間：夏季為 6:00 ～ 12:00、冬季為 7:00 ～ 12:00
◆ 休息日：無休

### ‖ 猴寶寶／さるぼぼ（Sarubobo）

　　飛驒高山猴寶寶的由來，是古早飛驒居民在小孩出生後，會親手縫製作為保佑小孩平安健康成長的護身符，傳統的樣式是戴著頭巾、穿著肚兜、沒有五官，手腳尖尖，呈大字型的紅色布偶。當時人們認為紅色可以防災解厄，現在除了紅色傳統基本款外，更多了不同顏色祈願的猴寶寶，算是飛驒地區相當有特色的吉祥物，只要收到猴寶寶，大概就能猜出你跑到那裡玩了！

## 遊賞 ‖ 高山屋台會館

　　聞名全日本的「高山祭」是每年高山最重要的祭典，分別在春、秋兩季舉行，春祭的「山王祭」（4/14 ～ 4/15）和秋祭「八幡祭」（10/9 ～ 10/10），堪稱日本最華麗的節慶活動，有 400 年歷史的神轎屋台會繞行高山街道遊行，更是日本重要的無形民俗文化財，每年總是能吸引大批遊客湧進高山市，若打算參加「高山祭」必須提早半年以上訂房，才有機會訂到房間。

　　若沒辦法親身體驗高山祭的盛況，可以前往位在櫻山八幡宮境內的「高山祭屋台會館」購票參觀，這裡長期保存著「高山祭」用來遊街的 10 多座神轎屋台，平時收藏在會館內，不定期輪流展出其中幾座。參觀時神轎屋台上會有機動人偶表演，在樂鼓聲和燈光映照下，另類體驗高山祭典的熱鬧氣氛。

◆ 營業時間：3 ～ 11 月 8:30 ～ 17:00，12 ～ 2 月 9:00 ～ 16:30
◆ 門票：大人 820 日元、兒童 410 日元
◆ 休館：全年無休

手作りさるぼぼ
500

福俵
1000

手作りです
オリジナル

　　高山市內所有的觀光景點都相距不遠，從 JR 高山車站下車後大多能徒步走到熱鬧的高山老街，旅館的選擇上也可以從車站前一直延伸至老街周邊，車站前多為商務旅館和連鎖飯店，高山老街附近則有許多日式旅館與民宿。日本觀光區大多流行著一泊二食的住宿方式，在高山若選擇素泊（單純住宿不含餐食）也是沒有問題的，在晚間還是能找到值得品嘗的美味餐廳。

　　這回我住進距離高山老街只有 3 分鐘路程的「民宿吉野屋」，老闆很親切，服務態度良好，並不會因為不會說日文而冷漠以對。雖然旅館已經有百年歷史，但內部卻設有現代化的衛浴設備，這家民宿主打一泊二食的晚餐是高級的飛驒牛，因而吸引許多遊客入住，而素泊的價位也算是高山民宿中比較便宜的選擇。

◆ 高山市區民宿情報：hida-yado.net/yado/takayama.html

## 旅遊小知識

### 高山濃飛巴士中心／高山濃飛バスセンター／Takayama Nohi Bus Center

　　高山同時也是旅遊中部、北陸一個重要的地理位置，JR 高山車站旁緊鄰著高山濃飛巴士中心，不論是搭 JR 電車、名鐵巴士或濃飛巴士抵達高山市後，徒步到熱鬧的高山市區街道距離約 15 分鐘就能走透透。若以高山市為出發點，前往白川鄉、奧飛驒溫泉鄉、上高地、金澤、富山等地，都是濃飛巴士主要行駛的區域。包括東京、名古屋、京都、大阪也都有直達巴士。

　　「高山濃飛巴士中心」是高山地區重要的發車中心，某些巴士採提前預約制，像是高山～白川鄉合掌村，或金澤～白川鄉合掌村～金澤，都是上車前需要先預約的，在濃飛巴士的購票網頁「J-bus」上可提早 1 個月前預訂高速巴士車票，或是提前到高山濃飛巴士中心買票時順便預約搭車時間，而非預約的班次，只要在現場排隊上車即可。

　　高山濃飛巴士中心內電腦軟硬體設備很不錯，遊客可以自由透過現場大型觸控螢幕，或是擺放在桌上的 iPad，查詢從高山出發到各地的旅遊訊息。只是有一點需要特別注意，高山濃飛巴士中心出售的車票不論金額多寡，一律只能現金交易，不能刷卡，所以請準備足夠現金，以避免旅費不足而中斷旅行。

　　近年來遊客變多了，濃飛巴士中心也推出「定期觀光巴士 1 日旅遊行程」，有不同路線的套裝行程，包含英語導遊的旅行團，從高山市出發當日來回，帶大家玩世界遺產五箇山和白川鄉合掌集落，連同其他周邊景點，大部分行程包含來回巴士車費、午餐費、導遊費，單人費用約 4,000 ～ 10,000 日元不等，可提早 1 個月前上網預約訂位，一輛車額滿為止，當日現場預約不被接受。

■ 高山濃飛巴士中心：www.nouhibus.co.jp/index.html
■ 濃飛巴士車票預約網站：secure.j-bus.co.jp/hon

岐阜縣
飛驒古川
Hida-furukawa

交通方法：

**【JR 高山本線】**高山→飛驒古川約 15 分

**【濃飛巴士】**高山→飛驒古川約 30 分

· 遊玩重點：瀨戶川和白壁土藏、飛驒匠人文化館、飛驒古川祭
  會館

· 飛驒市觀光網站：www.city.hida.gifu.jp/kanko/foreign/ch/index.html

　　「飛驒古川」距離高山市只有 15 分鐘 JR 車程，是飛驒地區著名的工匠之鄉，出名景點有「白壁土藏街」與「瀨戶川」。近年來更因日本動畫《你的名字》（日文：君の名は）引發旅遊熱潮，意外成為動畫迷的朝聖地，不遠千里而來只為拍出動畫中的場景畫面，而出現所謂的飛驒古川聖地巡禮景點，當地觀光部門也十分用心，大力推廣動畫中相關的場景不遺餘力。

　　在清澈的瀨戶川中飼養錦鯉，是飛驒古川一大特色。當地居民還設立數個鯉魚飼料箱（鯉のエサ），讓遊客自行取用每包 100 日元的魚飼料，享受餵食鯉魚的樂趣，飼料的販售也有定量，售完就沒，並不會造成鯉魚進食過量。

  岐阜縣 下呂  岐阜縣 飛驒高山  岐阜縣 飛驒古川

## 越前蟹

日本海最具代表性的海鮮之王「越前蟹」，每年冬季期間（11～3月）是越前蟹盛產季節，雄蟹稱為楚蟹，雌蟹稱為香箱蟹，是螃蟹界中最高級的品種，產量少身價高，幾百年來都是獻給日本皇室的貢品，肉質鮮美的越前蟹，市場上也會有假貨充斥，但來到福井縣三國港就能品嘗道地的越前蟹，不吃可惜喔！

◆ 人氣名店：越前蟹の坊 三國港店

## 醬汁豬排丼／ソースカツ丼

福井第一推薦的 B 級美食，絕對是「醬汁豬排丼（ソースカツ丼）」，熱騰騰的豬排淋上烏醋為底的祕傳醬汁，化身簡單好吃的醬汁豬排丼，可謂是福井縣代表的美食。

◆ 人氣名店：歐洲軒（ヨーロッパ軒 ・ 総本店）

　　福井縣敦賀市的「氣比神宮」建造於 702 年，自古以來被尊稱為「北陸道總鎮守」，像守護神般受到敬仰。神宮前高 11 公尺的木造大鳥居，與「春日大社」、「嚴島神社」並列日本三大鳥居，今為日本國家重要文化財。此外，氣比神宮占地寬廣，境內有從創建時就自然湧出的泉水，被視為長壽水，據說取一瓢長壽水飲用可保長壽，當地人都深信不疑。

◆ 交通：敦賀車站徒步 15 分鐘

◆ 開放時間：6:00 ～ 17:00

◆ 網址：kehijingu.jp

 東尋坊 福井縣
 福井 福井縣
 敦賀 福井縣

## 遊賞 ┃┃ 日本海最大的海鮮市場

　　在敦賀市有個日本海側最大的海鮮市場「日本海
さかな街」，其主要漁獲是由敦賀港直送而來，約有
70 家以上的漁產專門店，有新鮮的海鮮丼店家、迴轉
壽司店，也有日本海的土特產等相關商品可以採購。

◆ 交通：敦賀車站搭計程車約 10 分鐘

◆ 開放時間：6:00 ～ 17:00

◆ 網址：www.sakanamachi.info

## 美食推薦 ┃┃

　　福井縣代表的美食，也是敦賀市代表美食，其實就是福井市歐洲軒（ヨーロッパ軒）
開在敦賀市的分店。這間分店位處巷弄，但在路口就能看見飄揚的歐洲軒廣告旗，同樣在
熱騰騰的豬排上，淋著烏醋為底的祕傳醬汁。沒吃過的朋友建議來嘗嘗看，這可是北陸著
名的 B 級美食喔！

交通方法：

**【東海道新幹線】** 東京→名古屋約 1 小時 40 分

**【東海道新幹線 +JR 北陸本線】** 金澤～名古屋約 2 小時 30 分

**【東海道新幹線】** 新大阪～名古屋約 49 分

· 遊玩重點：豐田汽車博物館、名古屋港水族館、磁浮・鐵道館、名古屋城、熱田神宮

· 名古屋觀光情報：www.nagoya-info.jp

· 名古屋觀光指南：www.nagoya-info.jp/zhtw

· 名古屋相關介紹：tw.japan-guide.com/travel/chubu/nagoya

「名古屋」是僅次於東京、大阪和橫濱的日本第四大城市。自從廉價航空開通名古屋航線後，名古屋一躍成為熱門的入境城市之一，主要是東有日本第一富士山；北有世界遺產白川鄉、五箇山合掌造集落；南有 2,000 年歷史的伊勢神宮，地理位置非常好的名古屋，可說是到哪裡旅遊都很方便，距離也不會太遠，多數的旅客會選擇由名古屋入境後，隨即展開一連串的日本中部、北陸之旅。如果旅遊重點擺在日本中部、北陸地區，那麼停留名古屋的時間就不會太久，或許 1 天、半天，甚至只有 3 個小時。有朋友問我推薦去哪裡玩好呢？其實名古屋很繁榮，單單名古屋玩個 5 天 4 夜都沒問題，可逛可玩可看的景點也滿多的，若時間有限就挑重點玩吧！

愛知縣
名古屋

滋賀縣
彥根

## 遊賞 ‖ 彥根城博物館

　　彥根城入口處的「彥根城博物館」，主要展示彥根城城裡約 6 萬 5 千件重要文物，包括井伊家歷代征戰所用的朱紅盔甲、刀劍；也保存了彥根城自興建至今所能找到的繪圖和文獻。

◆ 交通：JR 彥根站徒步 10 分鐘
◆ 開放時間：9:00 ～ 17:00
◆ 門票：500 日元
◆ 休館：12/25 ～ 12/31

## 建議玩法 ‖

　　位處滋賀縣的「彥根」雖不算在北陸地區的範圍，但實際上距北陸地區不遠。持有北陸拱型鐵路周遊券、關西 & 北陸地區鐵路周遊券、JAPAN RAIL PASS 或青春 18 旅遊通票，即可一併將國寶「彥根城」納入北陸行程中。

交通方法：

【JR 中央本線】名古屋→松本約 3 小時 42 分

【JR 大系線】信濃大町→松本約 56 分鐘

【松本電鐵巴士】松本→上高地約 1 小時 40 分

【篠ノ井線】長野→松本約 1 小時 27 分

・遊玩重點：國寶松本城、舊開智學校、松本市美術館

・新松本物語：welcome.city.matsumoto.nagano.jp/tw/

　　「松本」位於日本中部，是長野縣第二大城市，有 400 多年的歷史，以國寶松本城為中心發展而成的城下町，在歷史上多次倖免於戰火摧殘，所以保有眾多的歷史古蹟。松本市地處標高 3,000 公尺的崇山峻嶺之中，地理位置極佳，東接日本最大最高的美之原高原，西臨日本阿爾卑斯山脈。多數的遊客會經由松本再轉往上高地、乘鞍高原、立山黑部等知名旅遊景點，選擇住宿一晚或短暫停留後便搭車離開，對松本的認識可能就僅限於國寶松本城。

## 遊賞 ‖ 松本城

　　具有 400 年歷史的國寶「松本城」擁有獨特的複合連結式天守群，是日本現存最古老的五重天守閣（外觀看似五層，內部卻有六層），也是日本所有木造天守閣中最古老的。其黑白對比清晰，又稱為烏城，與「姬路城」、「彥根城」和「犬山城」同樣受日本政府指定為國寶級古城。雖然貴為國寶，天守閣的內部還是有開放給一般遊客參觀，爬上陡峭的天守閣就可將市區街景一覽無遺。松本城四周有著清澈的護城河，每到春天還是著名賞櫻名所，參觀者絡繹不絕。

長野縣 松本　　長野縣 奈良井宿　　長野縣 妻籠宿　　長野縣 馬籠宿

◆ 交通：周遊巴士北線，到「松本城、市役所前」下車，或徒步 15 分鐘

◆ 開放時間：8:30 ～ 16:30

◆ 休館日：7/16 ～ 8/31 及黃金週

◆ 門票：全票 610 日元（國寶 · 松本城 + 松本市立博物館共同票）

◆ 櫻花觀賞期：4 月中旬

## 遊賞 ‖ 舊開智學校

　　松本城以北的舊開智學校，1876 年建造，是日本最古老的現代小學，校舍內展出許多從江戶時代到現代的教育歷史文物資料，是日本重要的教育資料館。舊開智學校現在的校舍是日本最古老的擬洋風建築物，也是首批獲評定為「國家指定重要文化財產」的校舍建築之一。

◆ 交通：周遊巴士北線，到「舊開智學校」下車

◆ 開放時間：8:00 ～ 17:00

◆ 休館日：星期一

◆ 門票：大人 300 日元、學生 150 日元

## 遊賞 ‖ 松本市美術館

　　如果你喜歡草間彌生的作品，就不能錯過松本市美術館。草間彌生是松本市出生的名人，她的創作以圓點幻化視覺為主，前衛而新潮的設計理念，讓她成為一位享譽國際的日本女藝術家，松本市美術館大量收藏草間彌生的原創作品，包括大型戶外藝術品《幻の華》，就連松本周遊巴士開往美術館的東線，紅色點點巴士也是她的作品。

◆ 交通：周遊巴士東線，到「松本市美術館」下車

◆ 開放時間：9:00 ～ 17:00

◆ 休館日：星期一

◆ 門票：大人 410 日元

◆ 網址：matsumoto-artmuse.jp

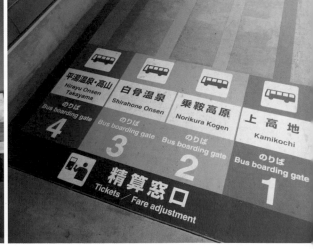

　　從車站往松本城的路上會經過一條頗有名氣的「繩手通商店街」，這條小巷內聚集一些小店家和二手古董店，還有一間頗具歷史的「四柱神社」。早期這一帶因沿著護城河而興盛，熱鬧的商店街內總是可以聽到河川旁青蛙嘓嘓叫，不知為何，青蛙漸漸銷聲匿跡，商店街便開始供奉青蛙大明神，後來整條小巷就隨處可見青蛙雕像，就被戲稱為青蛙商店街。

◆ 交通：松本城或松本車站，徒步 10 分鐘
◆ 營業時間：10:00 ～ 20:00


## 交通情報 ||

### 松本周遊巴士

　　松本市其實也滿適合徒步旅行的城市，最主要的旅遊景點「國寶‧松本城」，距離 JR 松本車站只需徒步 20 分鐘。但松本市卻設計了東、南、西、北 4 條觀光巴士路線，不同花色的松本周遊巴士循環路線（Town Sneaker），可共用 1 日乘車券 500 日元。單次搭乘 200 日元，約每半小時一班車，從車站搭巴士到松本城約 10 分鐘。如果有購買「阿爾卑斯山廣域套票」，則可向巴士司機領取一張免費 1 日乘車券。

◆ 松本周遊巴士：www.alpico.co.jp/traffic/matsumoto/townsneaker

### 新島々巴士轉運站／新島々バスターミナル

　　松本到上高地沒有直達車，必須先搭乘松本電鐵〔上高地線〕到新島々，再轉搭巴士前往上高地。松本電鐵的終點站為新島々車站，一旁就是「新島々巴士轉運站（新島々バスターミナル）」，為連結松本重要的轉乘車站，不論你是從松本出發，或是上高地、乘鞍高原歸來，都一定會到新島々巴士轉運站轉乘。車站內有連結松本市與新島々的「松本電氣鐵道（松本電鉄）」，車站外的巴士停車場，開往上高地、白骨溫泉、乘鞍高原的低公害無汙染巴士都在這裡發車，此外前往平湯溫泉、高山的巴士也都有停靠新島々巴士轉運站，是非常重要的轉乘車站。

◆ 阿爾卑斯信州巴士：www.alpico.co.jp/access/station/shinshimashima.html

長野縣

# 奈良井宿
## Narai-juku

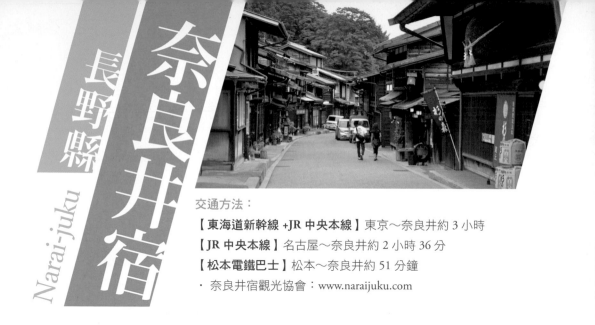

交通方法：

【東海道新幹線 +JR 中央本線】東京～奈良井約 3 小時

【JR 中央本線】名古屋～奈良井約 2 小時 36 分

【松本電鐵巴士】松本～奈良井約 51 分鐘

· 奈良井宿觀光協會：www.naraijuku.com

　　在日本凡是古代保留下來的宿場，通常都以當地地名加上「宿」做為稱呼。搭乘 JR 中央本線到奈良井下車，映入眼簾的地標卻寫上大大的「奈良井宿」。奈良井為「木曾十一宿」中標高最高的宿場，江戶時代曾經繁華一時，因當時翻山越嶺前來投宿的旅人不可勝數，故得「奈良井千軒」之稱，也是木曾路上最大的旅館街。沿著街道兩側排列的傳統木造建築，都採用粗梁、豎格子窗等江戶時代町家建築式樣，高低不一，房子越矮代表年代越久遠，老街古色古香的獨特韻味，極富詩情畫意。當地以木曾漆器工藝聞名，老街上還有木曾扁柏漆器店、上等酒釀廠等，昔日江戶古樸典雅的建築，身臨其境彷彿走進了歷史迴廊。

　　奈良井還有一處名勝「木曾大橋」就在老街不遠處，全木造結構拱型形狀的木曾大橋，使用的建材都是樹齡超過 300 年以上的檜木，整座橋沒有任何橋梁支柱，充滿濃濃古意，還可聞到檜木的香味。

松本 長野縣

奈良井宿 長野縣

妻籠宿 長野縣

馬籠宿 長野縣

　　如果有購買「立山黑部阿爾卑斯山套票（立山黑部アルペンきっぷ）」，可以在奈良井下車遊玩，從松本車站過來只需 40 分鐘車程，只是前往奈良井的車次實在不多，錯過一班車，可能要多等 2～3 小時。木造的 JR 奈良井車站，沒有置物櫃，行李可直接拿給車站的工作人員代為保管，一件行李約 300 日元。一早來到奈良井宿，整條街商店都還沒開門，非常寧靜。連車站內的工作人員都十分親切，車站旁可拿取奈良井宿的旅遊地圖，簡單直直的一條街上有蕎麥麵、茶房、酒屋、土特產店、旅館混合其中，走到底再走回車站，被日本人稱為「一眼街」的奈良井宿，想迷路都很難。雖然是一眼就能看完的街，家家戶戶綠意盎然，漫步在充滿懷舊氛圍的街道上，還滿值得細細品味。

◆ 推薦住宿：百年歷史的老旅館「御宿 · 伊勢屋」

　· 費用：一泊二食住宿，1 人約 9,500 日元

　· 網站：www.oyado-iseya.jp/blog.html

松本
長野縣

奈良井宿
長野縣

妻籠宿
長野縣

馬籠宿
長野縣

　　一天之內玩奈良井宿、馬籠宿、妻籠宿 3 個宿場是可行的，只不過停留奈良井的 JR 班次不多，會被迫在奈良井逛 4 個鐘頭。我是一早 7:41 由松本出發到奈良井宿，搭 11:19 到 JR 木津川轉搭巴士前往馬籠宿，這裡停留時間太短，15:00 再轉搭巴士前往妻籠宿入住一泊二食民宿，商店約 16:00 ～ 17:00 打烊，晚餐前可在妻籠寺下街道走走。這樣一天玩 3 個宿場是有點趕，不斷地重複等車、坐車。結論是想一口氣玩 3 個宿場，時間上的掌控必須確實做好，選擇喜歡的宿場住一晚，體驗一下古代旅行方式也算難得的經驗──妻籠宿的清晨真的好美、好寧靜。

　　至於這 3 個宿場，建築風格相仿卻別具特色，哪一個比較好玩，真的依個人喜好而有所不同。喜歡江戶時期老舊屋舍的人，會很喜歡宿場寧靜又充滿古意，遊走其中還是可以明顯感受到不同的氛圍；若不喜歡鄉下地方，選擇一個宿場看看就好，畢竟交通不是那麼方便，太陽下山後也沒什麼好逛的，怕看多了覺得老房子無趣，就太浪費自己旅遊時的寶貴時間與金錢。

◆ 推薦住宿：1804 年創業，傳承江戶時代旅籠文化的老旅館「旅籠 ‧ 松代屋」

‧ 費用：一泊二食住宿費，1 人約 10,800 日元

‧ 松代屋（中山道 ‧ 木曾路 ‧ 妻籠宿）：tumago.jp/stay/aki/matusiro.shtml

長野縣

馬籠宿

Magome-juku

交通方法：

【JR 中央本線】松本～南木曾約 1 小時 13 分

【JR 中央本線】名古屋～中津川約 49 分

【北惠那交通巴士】中津川～馬籠約 25 分鐘，單程車資 560 日元

・ 遊玩重點：藤村紀念館、馬籠脇本陣史料館、水車小屋、展望臺

・ 木曾廣域觀光情報：www.kisoji.com/tw/index.html

・ 北惠那交通〔中津川～馬籠〕巴士時刻表：www.rosenzu.com/kitaena/magome.html

　　馬籠宿位於木曾十一宿中最南端，全長約 600 公尺，貫穿南北的石板街道沿著山坡而建，是罕見建立在山腰上的宿場。停靠馬籠宿有四個巴士站牌，建議搭到「陣場站」下車，靠近馬籠宿高札場是馬籠宿的至高點，一路是下坡走起來較為輕鬆。最後在馬籠館附近的「馬籠站」搭車離開就很順暢。馬籠宿曾慘遭兩次大火襲擊，除了中央的石疊階梯與被稱為「枡形」的隘口外，其餘都是重建回江戶時代的古樸模樣。兩旁全是木造町家建築的旅館、資料館、土特產店、大水車等很有古色古香的氛圍。

　　可參觀的景點有著名小說家島崎藤村出生地的「藤村紀念館」，展示木曾路文化與制度的史料館「馬籠脇本陣史料館」，最佳觀賞景點是位於下坡路上的水車小屋，也是馬籠宿觀光旅遊海報拍攝的地點。

長野縣 松本　長野縣 奈良井宿　長野縣 妻籠宿　長野縣 馬籠宿

　　馬籠宿與妻籠宿之間，保留一條「中山道自然步道」，全程約 8 公里的歷史國道，需費時 3 小時左右才可徒步完成，親自走一回體驗古代旅人翻山越嶺的路徑，也算是難得的體驗。這次就碰到兩個老外揹著大背包在下雨天中走了 3 小時。由馬籠往妻籠方向走，過了馬籠　之後就是下坡路段，走起來比較輕鬆，反之由妻籠往馬籠就都是上坡路段。

　　當你決定行走時，請記得在背包上掛一個「熊鈴」，因為漫步在人煙稀少的古道森林時，得隨時提防熊出沒，觀光案內所可以出借鈴鐺，成功走完「中山道自然步道」後，別忘記在馬籠或妻籠的觀光案內所內，買一張完步證明書以證明自己曾追尋古人的腳步。

// 旅遊經驗分享

　　從 JR 中津川站下車後，車站外就有直達馬籠宿的巴士，沒有售票，下車直接投現金就好，約 30 分鐘即抵達終點馬籠站，欲離開時也在同一站牌等車即可。但馬籠到妻籠的巴士班次不多，搭乘巴士前先查好時刻表。馬籠宿沒有大型的置物櫃，只有幾個小型的，幸好遇到好心的老闆，讓我們暫時將大型的行李免費借放在土特產店內，然後就沿著蜿蜒的石疊小路拾階而上，入口處有老婆婆在小門窗邊烤著五平餅，當地特產的手工蕎麥麵和五平餅都很值得品嘗！

　　從巴士站開始向上爬坡，石板路上難免氣喘如牛，但兩旁全是古意盎然的店鋪，有傳統茶屋、小吃店與土特產店，整條街上還保留江戶時代充滿懷舊氣氛的街景，邊走邊逛十分愜意。觀光案內所內有賣簡易的馬籠宿地圖，走到馬籠宿的最上頭，設有馬籠宿瞭望臺可遠眺惠那山脈的自然美景。越過瞭望臺往前走即是「中山道自然步道」，走完 8 公里就可抵達妻籠宿，也是最適合徒步旅行的路線。

　　這幾年白川鄉合掌村熱門到成為大家去中部北陸必遊的地方，可使用的優惠票券也多到眼花撩亂，只要任選下表列出的套票來規劃自己的旅遊路線，就能玩到夢想中的合掌村了！

| 票券名稱 | 票價 | 途經 |
| --- | --- | --- |
| 昇龍道高速巴士乘車券／3 日券 | 7,000 日元 | 名古屋～高山～白川鄉 |
| 三星路線票／4 日券 | 5,140 日元 | 松本～高山～白川鄉～金澤 |
| 高山、北陸地區周遊券／5 日券 | 13,500 日元 | 名古屋～下呂～高山～富山、<br>關西機場～大阪市內～京都～加賀溫泉～金澤 |
| 飛驒阿爾卑斯山廣域套票／4 日券 | 10,290 日元 | 高山市內～奧飛驒溫泉鄉～乘鞍～<br>上高地～白川鄉～松本 |
| 完全信州‧飛驒車票／4 日券 | 17,480 日元 | 新宿～松本～上高地～乘鞍～<br>奧飛驒溫泉鄉～高山～白川鄉～下呂溫泉 |
| 白川鄉‧五箇山世界遺產轉乘票／1 日券 | 3,700 日元 | 飛驒高山～白川鄉～五箇山～城端 |
| 世界遺產巴士／2 日券 | 3,500 日元 | 高岡車站～相倉口～菅沼～白川鄉 |

　　雖然白川鄉名氣比較大，但在各路線高速巴士公司不斷推動下，前往人煙罕至的五箇山合掌集落不再困難重重，就算是臨時決定也能搭乘由高岡或城端出發的世界遺產巴士，只是 1 日內想走完白川鄉、五箇山相倉和菅沼，時間上要抓得準。距離白川鄉 40 分鐘車程的五箇山合掌集落不僅是迷你的世界遺產，也是極少數還有人在此生活的「活」世界遺產。五箇山和白川鄉都很類似，也有合掌屋民宿，只是合掌屋的規模很小，約 30 分鐘就能走完，境內的「相倉集落」僅有 24 棟合掌屋，「菅沼集落」更少只有 9 棟，還有 2 棟是江戶時代建造有 400 年歷史最古老的合掌屋，之前五箇山合掌集落交通不怎麼方便，知名度不算高，商店也沒有白川鄉多，來過的人都會說這邊比較沒有商業氣息，但因為被列入日本世界文化遺產，其實也很值得參觀喔！

◆ 五箇山觀光協會：www.gokayama-info.jp

合掌づくりの形
カステラ風な
お・焼きジウ
1コ

岐阜縣 白川郷 合掌村

岐阜縣 奥飛驒 温泉郷

長野縣 上高地

　　難得來到世界文化遺產的白川鄉合掌村，如果能到合掌屋民宿內住一晚不知道會有多好？

　　終於在第三次拜訪合掌村時實現了這個願望，很多人說合掌屋不好訂，事實上的確如此，僅有 20 多家合掌造以民宿的方式提供住宿。我們也是靠日本朋友打電話來預約訂房的，不然就是得提早上網或傳真預約。只是有些合掌屋民宿由老人家經營，除了不善電腦、也不善與外國人打交道外，是很明顯拒絕外國客入住，能接待外國遊客的合掌屋又都很快客滿。每間房子都小小的，最好的只有 3～5 間房，每年冬天的點燈日幾乎訂不到房，若不提前半年預約更是一房難求，但就算是平日，如果沒有確定住宿的話千萬別貿然前往！

　　其實這裡的住宿條件都差不多，入住時就要習慣當地的生活作息。這次入住的「幸工門」，當初改建時因受日本電視臺 NHK 拍攝報導而聲名大噪，是非常受到國外旅客歡迎的一間合掌村民宿。合掌村不太適合素泊，我們預約一泊二食的住宿，就是希望能品嘗飛驒地區傳統家庭料理和完成入住合掌屋的夢想。住宿的小心得是，除了外觀是合掌屋的茅草屋頂外，屋內的一切陳設很現代化，室內呂風、電器化除溼空調都有，其實跟一般旅館設備沒兩樣。晚間 6、7 點，合掌村路上已經沒什麼人走動了，也沒有無線網路，只好早早入睡，夜裡只剩蟲鳴鳥叫的大自然音樂。難得來到合掌村，在有數百年歷史的房子住上一晚也很有古味，若能在清晨時分再走一回荻町城跡展望臺，享受沒有觀光團的合掌村，那份寧靜幽美的田園景致夠讓人回味一輩子！

◆ 白川觀光協會（宿泊網站
　　預約）：

www.shirakawa-go.gr.jp/yoyaku

## 必遊景點

　　平湯溫泉最著名的景點就是落差 64 公尺的「平湯大瀑布」，號稱飛驒三大名瀑之一，是由乘鞍岳的山泉水以近乎垂直貼壁的方式流下來的瀑布，一年四季都可見湧出豐沛的水量，但最特別的景色應該算是冬天結凍的冰瀑奇觀。嚴冬期瀑布會因氣溫降至零下 15°C 而結成冰，每年 2 月下旬舉行盛大「平湯大瀧結冰祭」，在晚間的燈光照射下，冰瀑呈現自然與藝術結合的夢幻感覺。

岐阜縣　白川鄉　合掌村　　岐阜縣　奧飛驒　溫泉鄉　　長野縣　上高地

## 遊賞 // 無限懷舊氣氛的「福地溫泉」

在平安時代，福地溫泉為天皇的療養之地，也被稱為天皇泉，並獲選為「日本一百名水」，鮮為人知的祕湯溫泉，旅館多為民家風格，位處於寧靜的山間卻十分有人氣，當地的福地溫泉朝市是奧飛驒溫泉鄉充滿人氣的朝市。

◆ 交通：濃飛巴士「高山～福地溫泉」下車，約 1 小時 18 分鐘
◆ 泉質：單純泉
◆ 功效：蕁麻疹、糖尿病、風溼
◆ 當地名湯：石動之湯
◆ 網址：fukujionsen.main.jp/fukujionsen.main_0818/Templates/index.html

### // 必遊景點

福地溫泉乃是發掘出日本最古老化石的地方，「福地化石館」內有展示 3 億～4 億年日本最古老的化石。此外，冬季才形成的青冰柱（青色的鐘乳石柱）展現於溫泉街上，想看那神祕的青白色的冰柱，就一定要趁早去！

## 遊賞 // 熱鬧繁榮氣氛的「新平湯溫泉」

地處奧飛驒五大溫泉鄉的中心位置，新平湯溫泉因有豐沛的溫泉量而自豪，具有特色的民宿與溫泉旅館林立，熱鬧繁榮的溫泉街有許多店鋪，當地很受純泡湯不住宿的日歸遊客所喜愛。

◆ 交通：濃飛巴士「高山～新平湯溫泉」下車，約 1 小時 20 分鐘
◆ 泉質：單碳鹽硫
◆ 功效：風溼、關節痛、皮膚病
◆ 網址：shinhirayuonsen.com

### // 必遊景點

新平湯的名水「達摩水（たるま水）」達摩瀑布夜間點燈 12 月下旬～2 月下旬，瀑布凍結成冰之後，配上特殊心形的燈飾，很適合情侶拍攝紀念照片。

交通方法：

**【濃飛巴士】**平湯溫泉～上高地約 25 分

**【松本電鐵 + 松電巴士】**松本～新島島～上高地約 1 小時 45 分

· 遊玩重點：大正池、河童橋、明神池

· 上高地開放時間：每年 4 月下旬～ 11 月中旬

· 上高地公式：www.kamikochi.or.jp

位於日本長野縣西部梓川上游的「上高地」，被日本人視為神仙的故鄉，四周被日本阿爾卑斯山脈 3,000 公尺高的穗高連峰所環抱，是日本屈指可數的大自然保護區，有白樺、落葉松等原始森林，大正池、田代池、明神池等分佈其間，獨特的河谷地形，各種鳥類、野生猴子、高山植物隨處可見，組成了美麗又原始的上高地大自然景觀。若想要詳細的「上高地散步地圖」，在松本市的飯店或上高地的商店內都有販售。

上高地的範圍從大正池到橫尾、穗高連峰，全長約 10 公里，每年開放時間在 4 月下旬～ 11 月中旬，冬季會因大雪而封山，這裡也是攀登穗高連峰和槍岳時的登山基地，每到夏季總是有很多露營登山客前來。當地著名的地標是位於梓川上的「河童橋」，從橋上朝上游望去，有穗高連峰、明神岳等，是最佳的攝影位置。朝下游望去，則有燒岳活火山，沿著梓川水流的落葉松林也很優美，美麗的湖光山色盡收眼底，河童橋可說是上高地最佳的眺望臺。

巴士總站下車的地方，距離河童橋不遠，一般遊客通常都會以河童橋為中心，選擇往上游靜謐的明神池和德澤前進，或走輕鬆路線的下游，欣賞大正池和田代池之美，上游下游風景各具特色，也有人稱為梓川左岸、梓川右岸，每一段路約 1 ～ 2 小時就能來回，一路上都是規劃完善的森林步道。當地的登山者習慣在背包上掛一個熊鈴，可預防

野生動物出沒，不論走到哪裡，親切的日本人總會輕聲細語地跟經過的人們互道早安或午安，做為客人的我們也只要點頭微笑或互道早午安就好。

　　上高地的風景很美，但要注意山區氣候多變，位於海拔 1,500 公尺的上高地，與松本市相比，氣溫會再低 5 度～10 度，特別是在早春、入秋時期，山區天氣變化無常，即使在夏季也務必帶上薄外套，從 10 月中旬～5 月上旬偶爾會有積雪，因此防寒準備也是必須的。每年上高地的花草是從 5 月下旬嫩葉開始發芽，在殘雪的襯托下更顯新意；夏天更是絕佳的避暑勝地；9 月下旬樹林開始轉紅，秋天是上高地最美的時節，10 月來訪的遊客也特別多。即便是一般季節，上高地仍然是沐浴森林、步道健行的好去處。

# 遊賞 ‖ 大正池

　　1915 年由於燒岳火山噴發而形成的大正池，因為大量火山熔岩造成梓川堵塞而成的堰塞湖，環顧四周僅剩乾枯的樹幹，晨昏時偶爾出現有如夢幻般的沼氣景象，或天氣晴朗時，湖面上清晰可見燒岳與穗高連峰的倒影，都算是上高地極具代表性的景觀。夏天時在大正池上划船非常浪漫！

岐阜縣 白川鄉 合掌村　岐阜縣 奧飛驒 溫泉鄉　長野縣 上高地

## 遊賞 // 田代池

田代池由於有地下有湧泉所以終年不結冰,但由於霞澤嶽不斷注入的泥砂,使得田代池正在逐年縮小漸漸變成溼地,周邊盛開著當季的花草,在夏季可見蓮花、杜鵑花、細稈羊鬍子草群,顯得異常美麗。

## 遊賞 // 田代橋、穗高橋

考慮到景觀需要而設計的木橋,在田代橋與穗高橋之間,可眺望到燒岳與穗高連峰的壯觀景致,從田代橋這裡開始將步道分成左岸和右岸兩條路徑,面向穗高連峰走左岸往河童橋,途中會經過 Weston 碑。走右岸往河童橋,會經過白樺、落葉松等原始森林,這段路在秋天時非常、非常漂亮!

合掌村
白川鄉
岐阜縣

溫泉鄉
奧飛驒
岐阜縣

上高地
長野縣

## 遊賞 ‖ Weston 碑

Walter Weston（1861 ～ 1940）是一位英國的傳教士，在日本居住期間征服了日本各地的著名山峰，並將登山經驗寫成書《日本阿爾卑斯的登山與探險》，這本書在世界各地廣為流傳，讓日本阿爾卑斯揚名世界的英國人，每年 6 月會舉辦 Weston 祭來紀念他。

## 遊賞 ‖ 河童橋

上高地的知名地標，是一座木製吊橋，是上高地最棒的眺望臺。河童橋名稱的由來，古老傳說這一帶曾有河童在此生活（河童是日本自遠古時代流傳一種生活在水中的虛構人物），也有人說在尚未架橋前，當時人們都將衣服頂在頭上過河，看上去就像河童，才取名為河童橋，但真正答案仍是個謎。

## 遊賞 ‖ 明神池

從河童橋沿梓川朝上游步行約 1 小時，經過嘉門次小屋後就是鎮守著明神池的穗高神社奧宮，明神池主要由一大一小兩個湖所組成，進入明神池需先購票（300 日元），傳說中明神池是充滿靈氣之地，每年 10/8 的例行祭典中，搭乘裝飾著平安時代風格飾物的船隻，在明神池池面上為山祈求一年平安及萬物永世安寧。

## 建議玩法 ‖

從平湯溫泉過來上高地很方便，買票排隊就可以上車。從松本到上高地的方法也非常簡單，在 JR 松本車站售票處，找一臺上高地線的自動售票機，先點選「（得）松電電車バスセット券」再選「上高地（往復）4,550 日元」，搭車在 7 番月臺也標示的很清楚，乘車時間約 1 小時 45 分。搭乘高速巴士從新島々到上高地前，會停留「大正池、帝國 HOTEL 前、上高地」3 個下車點。大部分第一次到上高地旅遊會選擇從大正池下車，再一路散步到河童橋，慢慢走約 2 小時可走完，這段是最受歡迎的健行的路線，當然上游的明神橋、明神池也是很受歡迎的景點。

## 健行路線

◆ 大正池→走自然研究路（徒步 15 分）→田代池→（徒步 20 分）→田代橋→（徒步 25 分）→河童橋，時間約 2 小時。

　　從大正池開始順著自然研究路往河童橋前進，這樣徒步的方向正對著美麗的燒岳，又能遠眺穗高連峰氣勢磅礡。沿著梓川穿梭在山林間的休閒步道，直到田代池才分二條路線，也是大家常說的左岸右岸（林間路線）和（梓川路線），高聳的白樺、落葉松一路上景色遼闊，漫步林間同時享受森林浴。走到上高地最具有代表性的河童橋後，橋上是欣賞穗高連峰的最佳角度。

　　人氣聚集的河童橋兩頭有多家食堂、餐廳可以選擇，大部份日本遊客大多穿著顏色鮮豔的登山服飾，走步道的同時也多了點賞心悅目。上高地的公共廁所是需要付費的，稍作休息後，可改走對面的方向繼續往上游前進，順著梓川左岸步道一路往前走就可到達明神池。河童橋到明神池之間，步行時間約 2 小時，穿梭於森林、溼地與小溪中，更能感受到原始自然之美。

　　離開上高地的巴士時刻最好優先查好，回程巴士是必須先至上高地巴士總站向售票員拿取乘車整理券，以確保回程巴士有座位，發車前 10 分鐘可依序上車，但千萬不要遲到，巴士會準時開走。

## 住宿經驗

　　上高地自然原始的美景是無庸置疑的，若在上高地住宿一晚，就能在早晨飽覽其風光。貪圖交通便利，選擇投宿距離河童橋不遠的「上高地西絲屋」山莊的別館，廣受歐美背包客歡迎。一泊二食的住宿費用約 9,000 日元，入住的房型是 8 人房通鋪，有四張床和一大間榻榻米，全館 Wi-Fi 無線上網，澡堂則是和本館客人共同使用。

　　上高地住宿大多一泊二食，因為入夜之後也很難在森林裡尋找餐廳吧。如果是白天，在巴士總站附近或河童橋前商店裡都能買到簡單的食物，又或者可攜帶一些食物到上高地，再開始健行之旅，不過使用後的垃圾都必須自行帶回丟棄，這點大家都要遵守，還有山上氣候多變化，每小時都有可能風雲變色，得隨時注意防風保暖與偶有小雨的山區氣候。

◆ 上高地西絲屋：www.nishiitoya.com

實用 APP 日本旅行

旅行時只要好好善用手機內的 APP，不管是查景點、看天氣、吃美食，都是個人專屬的手機導遊。雖然有些 APP 都是要在有網路的環境下才能使用，但可先在臺灣辦日租型的上網方案或租借網路分享器至日本使用，也由於日本 Free Wi-Fi 熱點越來越多，行動上網也越來越方便，就算不會日文，也能透過 APP 即時翻譯，以下推薦一些曾在旅途使用，功能頗佳的 APP 給大家：

## Yahoo! 乘換案內

日本全國交通查詢，包含所有的地鐵、電車、新幹線、巴士、飛機，只要輸入出發地、到著地的車站站名，選擇出發日期與搭車時間，就能立即跑出超級詳細的發車時間、轉乘資訊、票價、搭乘時間，還可依個人需求選擇，搭車時間最短（早）、票價最便宜（安）、轉車次數最少（樂）的路線，可依自己的需求找又快又便宜的交通路線，是旅遊日本首要必備的 APP 。

## Railways.jp 日本路線圖

日本路線圖網羅全日本各地區各城市的 JR 線，私營鐵路線的鐵路線路一覽，所有站名列表，可以在網路離線時使用，搭車時可邊查看線路和站名，能隨時知道自己坐到哪一站，不再擔心下錯車站也是搭車時必備的 APP。

## Googlo Maps

Google Maps 除了可以查詢地點外，迷路時就直接輸入地址，讓 Google Maps 幫忙導航，指出行進的路線，要坐什麼車、預估時間及費用，不只在日本用，是全世界通用的 Google Maps，請在有 Wi-Fi 環境下先下載地圖，離線時可使用。

## tenki.jp 天氣預報

是由日本氣象協會推出的 APP，現在地的天氣或下雨的情況（暴雨雷達）等，細緻的天氣預報。還有預報人的天氣解說，最新的地震信息等，天氣和生活的信息也送交，最多可以檢查十天內的天氣。

## NAVIGATE SHORYUDO 昇龍道

此 APP 跟「昇龍道高速巴士乘車券」沒有關係，因為中部北陸地區九個縣串連起來有如一條舞龍，被稱為「昇龍道」，主要集結中部北陸九個縣內觀光景點，提供路徑搜索和和路線規劃，如名古屋、高山點選地圖會有有趣的插圖地圖，只是地圖以英文標示，若不介意英文界面是還滿好用的，除了有設施、活動信息外還有相關優惠券可下載，沒有 Wi-Fi 也可瀏覽插圖地圖和景點信息。

## 日本旅遊手指通（免費版）

首頁有預先設定的日文種類，如：基本用語、購物、住宿等。點一下想應用的項目〔購物〕就會出現購物時會產生的情況，假設選〔試穿或修改〕就會出現一連串的問題，最方便的是在最緊要關頭找不到相關句子，能直接手寫漢字和日本人溝通十分好用喔！

## じゃらん（Jalan）日本訂房網

日本國內最大的訂房網站，じゃらん（Jalan）除了電腦網頁版外，也有推出手機用 APP，萬一臨時碰到有住宿上的問題也可隨時利用手機上線。

## じゃらん観光ガイド（Jalan 觀光 GUIDE）

是日本知名旅遊網站設計出來的「Jalan 旅遊嚮導」，日本全國超過 14 萬件的旅遊觀光情報，除了擁有各城市觀光地周邊地圖，可依地區來查詢各地景點與美食，內容超豐富，還能即時點閱當地觀光協會的網頁，獲得日本各地最新的旅遊情報，對於旅遊的規劃上非常實用！

## 日本旅遊會話一指搞定

對不懂日語的外國觀光客來說，是任何人都能輕鬆上手的 APP，包含各種旅遊時經常使用的會話，例如教你怎麼問路、點餐、搭車等等，更棒的是還有真人發音哦，即使離線都能輕鬆使用，對於擔心害怕不會說日文的遊客而言，是可以現學現賣派上用場的！

## Jspeak 日語翻譯

在網路暢通的情況下，說話後立即翻譯，只要透過語音翻譯軟體「Jspeak」，就能輕鬆地與日本人交談。包含旅遊實用短句，現成的日文基本用語，從打招呼、餐廳用語和旅館住宿都有真人發音的句子，特別的是還設有手寫板，只要在有網路的環境下便可以與當地人溝通使用。

## 食べログ（taberogu）

日本最大的美食入口網站所推出的 APP，蒐集全日本上萬筆餐廳美食資料，除了找出附近的餐廳，還能設定想吃的料理與餐廳價位，想要尋找在地超人氣美食，就一定要靠這款 APP。

## GURUNAVI 日本餐廳指南

可蒐集全日本上萬筆餐廳資料，按城市搜索，按菜系搜索如居酒屋、懷石料理、旋轉壽司等，能快速找到所在地附近的美味餐廳，還能找尋預算內的餐廳，是旅遊上不能缺少的 APP。

## 日本食物字典（免費版）

收錄了數百款日本食物，提供相關註解及圖片，可以按餐廳分類來搜尋食品，如在〔壽司店〕可能出現的菜色，會出現日本與中文對照，再也不怕點不到自己愛吃的菜色喔，如〔秋刀魚〕點下去還出現秋刀魚照片，是不是很棒？這款 APP 可離線使用，不需上網。（付費的完全版有提供日文發音）

## Travel Japan Wi-Fi 日本免費 Wi-Fi 搜尋

能幫忙尋找日本全國免費 Wi-Fi 熱點的位置，註冊後就可免費上網。現在日本各地 Free Wi-Fi 的環境越來越多，地鐵站、商場、超商等許多公共場所都有免費上網，利用這款 APP 可在出門前先上網查詢當地熱點所在地。另外日本星巴克和 7-11 也有提供這樣的服務，可先在臺灣申請 Free Wi-Fi 帳號後再出門。

## XE Currency（免費版）

可以對所有世界貨幣進行轉換，提供每日最新匯率和圖表，支援美金、日幣、韓圜、人民幣、港幣等多種外幣，輸入金額一鍵換算，貨幣計算器操作簡便，目前下載量已突破 2,000 萬次，是市場上最受歡迎的外匯換算應用程序。

國家圖書館出版品預行編目資料

日本中部北陸玩全祕笈 / 森津玉著. -- 二版. -- 臺
北市：華成圖書，2016.08
　面；　公分. -- (自主行系列；B6126)
ISBN 978-986-192-285-0(平裝)

1. 旅遊 2. 日本

731.9　　　　　　　　　　　　　　105009467

自主行系列　　B6126

# 日本中部北陸玩全祕笈（全新修訂版）

作　　者／森津玉

出版發行／華杏出版機構

華成圖書出版股份有限公司
www.far-reaching.com.tw
11493台北市內湖區洲子街72號5樓（愛丁堡科技中心）
戶　　　名　　華成圖書出版股份有限公司
郵政劃撥　　19590886
e - m a i l　　huacheng@email.farseeing.com.tw
電　　　話　　02-27975050
傳　　　真　　02-87972007
華杏網址　　www.farseeing.com.tw
e - m a i l　　adm@email.farseeing.com.tw
華成創辦人　　郭麗群
發 行 人　　蕭聿雯
總 經 理　　蕭紹宏

主　　　編　　王國華
責任編輯　　蔡明娟
美術設計　　陳秋霞
印務主任　　何麗英
法律顧問　　蕭雄淋‧陳淑貞

定　　價／以封底定價為準
出版印刷／2012年 6月初版1刷
　　　　　2016年 8月二版1刷
　　　　　2017年12月二版3刷

總 經 銷／知己圖書股份有限公司
　　　　　台中市工業區30路1號　　電話　04-23595819　　傳真　04-23597123

# ☺讀者回函卡

謝謝您購買此書，為了加強對讀者的服務，請詳細填寫本回函卡，寄回給我們（免貼郵票）或 E-mail至huacheng@email.farseeing.com.tw給予建議，您即可不定期收到本公司的出版訊息！

您所購買的書名/＿＿＿＿＿＿＿＿＿＿＿＿＿＿ 購買書店名/＿＿＿＿＿＿＿＿＿＿＿＿

您的姓名/＿＿＿＿＿＿＿＿＿＿＿＿＿＿ 聯絡電話/＿＿＿＿＿＿＿＿＿＿＿＿

您的性別/□男 □女　　　您的生日/西元＿＿＿＿＿年＿＿月＿＿日

您的通訊地址/□□□□□＿＿＿＿＿＿＿＿＿＿＿＿＿＿＿＿＿＿＿＿＿

您的電子郵件信箱/＿＿＿＿＿＿＿＿＿＿＿＿＿＿＿＿＿＿＿＿＿＿＿＿

您的職業/□學生 □軍公教 □金融 □服務 □資訊 □製造 □自由 □傳播
　　　　　□農漁牧 □家管 □退休 □其他

您的學歷/□國中（含以下） □高中（職） □大學（大專） □研究所（含以上）

您從何處得知本書訊息/（可複選）

□書店 □網路 □報紙 □雜誌 □電視 □廣播 □他人推薦 □其他

您經常的購書習慣/（可複選）

□書店購買 □網路購書 □傳真訂購 □郵政劃撥 □其他＿＿＿＿＿＿＿＿＿

您覺得本書價格/□合理 □偏高 □便宜

您對本書的評價（請填代號/ 1. 非常滿意 2. 滿意 3. 尚可 4. 不滿意 5. 非常不滿意）

封面設計＿＿＿＿ 版面編排＿＿＿＿ 書名＿＿＿＿ 內容＿＿＿＿ 文筆＿＿＿＿

您對於讀完本書後感到/□收穫很大 □有點小收穫 □沒有收穫

您會推薦本書給別人嗎/□會 □不會 □不一定

您希望閱讀到什麼類型的書籍/＿＿＿＿＿＿＿＿＿＿＿＿＿＿＿＿＿＿＿＿

您對本書及我們的建議/

廣 告 回 信
台 北 郵 局 登 記 證
台北廣字第000526號

免 貼 郵 票

(華杏出版機構)

華成圖書出版股份有限公司　收

11493台北市內湖區洲子街72號5樓（愛丁堡科技中心）
TEL/02-27975050

（沿線剪下）

（對折黏貼後，即可直接郵寄）